Nacarid Portal Arráez

La vida entre mis dedos

Sentimientos traducidos en letras

nacaridportal@

La vida entre mis dedos
Nacarid Portal Arráez

© Nacarid Portal, 2017
nacaridportal@hotmail.com
www.nacaridportal.com

Editorial Déjà Vu, C.A.
J-409173496
dejavueditorial@gmail.com / @edicionesdejavu

Jefe Editorial:
Yottlin Arias - @yoi21_

Director de Arte:
Jeferson Zambrano - @jffzambrano
jeffproduccion@gmail.com

Corrección de texto:
Maríamilagros Pérez E.
mariamiperez@gmail.com
Daniel Arraez
Daniel.arraez@gmail.com

Ilustrador:
Cristhian Sanabria
cristhiansanabria@gmail.com

Portada:
Geminis Sabrina Sierra Cazaux
sabrilett@gmail.com

Diseño y diagramación:
Joanna Gutiérrez

I.S.B.N: 978-980-12-7683-8
Depósito legal: lf25220148003214

De: Caracas- Venezuela

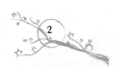

Agradecimientos

Agradezco a mi madre por ser mi ángel de la guarda, por cuidarme desde el cielo y por ser la musa que inspira cada uno de mis sueños. Te agradezco haberme llenado de luz y ser mi guía espiritual.

Agradezco a mi padre por demostrarme que existe el verdadero amor y por enseñarme sobre el perdón.

Agradezco a cada integrante de mi familia por regalarme su apoyo y confiar en mis sueños, por brindarme su cariño incondicional, y darme fuerzas para crecer.

Gracias abuela, por ser parte de mis sonrisas cada despertar.

Gracias tía Carmen Graciela, por decidir darme tu amor incondicional.

Gracias hermano por regalarme tu confianza.

¡Les agradezco a ustedes desconocidos! Ustedes que han estado ahí, leyéndome y apoyándome en cada latido.

Agradezco al universo por sus señales y a mi yo interior por ser capaz de canalizarlas.

¡Agradezco a mis amigos! ¡Agradezco a mi ilustrador! Agradezco a todos los que han vivido este proceso de mi interior.

¡Agradezco al amor! En sus diferentes facetas me enseñó que aunque se marche, vive en mi corazón.

¡Gracias por tu apoyo, querido amor! ¡Gracias por volver vestido de ilusión!

¡Te agradezco a ti!

¡Gracias por confiar en mí!

Prólogo

Era 1997 cuando conocí a Nacarid Portal, una niña de 16 años llena de fantasías e ilusiones, que le gustaban aquellas historias de criaturas fantásticas, gnomos y hadas (todavía le gustan); y escribía siempre sobre ellos en su cuaderno de literatura. Nunca fue muy buena para las matemáticas, y es que lógicamente, ya sin saberlo, había empezado su carrera como escritora.

Siempre fue protegida por el amor profundo de su familia, en especial de su madre (Nacarid), quien apoyaba firmemente cada sueño de su hija, sin importar lo pequeño que podía ser, para ella, era igual de grande y hacía hasta lo imposible por crear un mundo de posibilidades ante los obstáculos que se ponían frente a esta todavía niña que rápidamente empezó a crecer.

No se preocupen, esto no es un *spoiler*, tampoco una historia biográfica , ni es una oportunidad para presentarme (porque sí, otra persona escribe) sólo quiero introducirles brevemente al mundo que una vez me mostró Nacarid a través de sus sueños, de su proceso de crecimiento como profesional, de sus relaciones: buenas, malas, fallidas, épicas, catastróficas. De ese mundo del que se apartó en un momento bastante difícil, luego de la partida prematura de sus padres, quienes se convirtieron en sus nuevos ángeles guías desde el cielo.

Ahora volvamos al cuaderno, por supuesto, el de literatura. Todo empieza con este empastado de portada de campanita, y muchas pero muchas etiquetas de otras hadas; en vez de hacer sus tareas, Nacarid escribía poesía, una tras otra, páginas llenas de pensamientos hechos letras, frases, esquinas rayadas, oraciones tachadas con pluma; un hobbie que luego se convertiría en su propósito de vida. Luego del fallecimiento de sus padres, Nacarid entró en una etapa de autodescubrimiento, tuvo que, no había otra manera, ya la niña de 16 había crecido y las dos personas más importantes en su vida ya no estaban presentes para apoyarla, ella necesitaba un escape...

La mayoría de los escritos que encontrarán aquí, provienen de ese cuaderno, sumándoles nuevos versos que fueron escritos a raíz del ciclo de superación, está lleno de una vida, de esa vida que veía una niña que no quería crecer, o mejor dicho, que no sabía cómo. Que no soportaba la soledad y todo el proceso de desprendimiento de aquellas emociones que debía soltar para poder renacer; a través de un libro que sin imaginarlo sería el principio de una nueva etapa que permitiría realmente empezar a cumplir sus sueños.

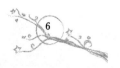

Sin la ayuda de ninguna editorial, Nacarid decide autopublicar en el 2015 este libro; muy a pesar a que no le gustaban sus propias creaciones (típico del artista, siente que nunca será perfecto), pero gracias al apoyo de sus seguidores, de su tío Jaime y a un maravilloso equipo de trabajo, se unieron todas las piezas para llevarles a ustedes, el libro que ahora tienen en sus manos.

Bienvenidos a esta historia de esperanza, desaciertos, tristezas, alegrías, y un compendio de emociones impregnadas en papel; una vida que pudo ser como la tuya o la de algún conocido que necesite aprender a salir del abismo, así como lo hizo Nacarid, en esta primera parte del libro; que sin esperarlo sirvió de preámbulo para su ahora *bestseller* internacional: ***Amor a cuatro estaciones.***

Y así, de tanto fallar y volver a intentarlo, con la honestidad absoluta de quien todo lo ha perdido menos las ganas... les presento: ***"La vida entre mis dedos".***

Jeferson Zambrano
@jffzambrano

Para: La persona indicada.
De: Aquel que llaman destino

Desconozco tu ser, pero espero que mis letras puedan atraparte para después volver a soltarte. Desconozco quien eres, pero espero que mi energía pueda llenarte. Comparto mis pensamientos contigo, amigo desconocido, aunque quizás, desapercibido, pienses que ha sido un descuido de ese al que llaman destino.

Hoy pienso en el futuro deprimido, oprimido por el sufrimiento de aquellos anhelos que terminaron naufragando en improperios por no dejarse llevar sin pensar en el tiempo. El futuro sacudido se creó de falsas nostalgias, cuya equivocación reincide en lo que dejamos de valorar y llamamos presente aunque muy pocas veces lo disfrutemos antes de verlo sumergido entre lo ausente.

A veces en medio del camino nos olvidamos de nuestros sentidos. A veces de tanto correr, tratando de alcanzar nuestros sueños, dejamos a un lado nuestra voz interior, ella vive adentro de nosotros pero si no quiere ser escuchada, prefiere permanecer distanciada.
¡Reencuéntrate con tus recuerdos!
¡Recuerda quien eres y sabrás el camino que deberás transitar!
¡El camino es difícil pero los obstáculos que encuentres serán necesarios para tu evolución personal!

La convivencia con los demás es fundamental. La soberbia, el ego, las mentiras, la envidia y la manipulación impiden avanzar pero son fundamentales para poder mejorar. No las ignores, si descubres tu error no lo ocultes detrás de máscaras para fingir luz, en la oscuridad también se puede alumbrar.

Canaliza tu energía negativa, déjala que te enseñe. Si huyes te quedas en la maldad, si enfrentas tus miedos para encontrarte contigo podrás tener la fórmula mágica para sanar. Por algo estás hoy aquí leyendo estas letras que traigo para ti, no escapes... ¡Consigue dominar tu mente y abrir tu corazón por encima de la razón!

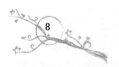

La vida es un viaje

¡Escoge observar! La paz interior podrás alcanzar, podrás encontrarte a ti mismo para poder mejorar.
No ir por la vida sin escuchar, hablar cuando lo que digas pueda aportar.

Ir por el mundo sin sonreír es igual que vivir con miedo a morir.
Ir por la vida aferrado a sufrir es igual a vivir sin lograr existir.
Ir por la vida sin sentir por temor al dolor; es igual que dejar de imaginar por miedo a no poder conquistar los sueños que te motivan a continuar.
Idealizar, hablar, escuchar, callar, continuar, parar, amar, olvidar, esperar, encontrar, buscar, sanar...No vivir de lamentos, ver más allá.
No engañar ni juzgar a los que inviten ideas que podrías canalizar y si no te gustan, jamás practicar. Expande tu mente, abre tu yo, ser feliz es tu elección.
La armonía es la medicina para curar el odio a través del amor.
¡Aceptar y dialogar en vez de juzgar y pelear! Hora de volar... aunque te caigas valdrá la pena intentar hasta poderlo lograr.
En los defectos, la belleza encontrarás.
En los otros, amor cosecharás.

¡Que la violencia y el odio no tomen lugar!
¡Que el rencor se marche antes de poder entrar!

El equilibrio perfecto para hallar la tranquilidad es aceptar que la verdad jamás será única sino plural.

El pájaro enamorado

¿Qué son los sueños? Gritó la realidad confundida.
¿Qué es la vida? Suspiró un alma perdida.
¿Qué es el tiempo? Preguntó un anciano al viento.

Las respuestas no estarán, susurró un animal que podía hablar aunque nadie tuviera la capacidad de poderlo escuchar.

Se trata de expandir nuestro sentir, convertirnos en un hilo que capta luz, permitirnos la posibilidad de vivir sin prohibir, descubrir las maravillas que contiene el existir. –Gritó una estrella fugaz–, llenándose de los deseos de una humanidad que dice no creer, y mira al cielo esperando un porqué.

Los recuerdos formando parte de los sueños.
Las almas mirando cuerpos, queriendo sin sentir, dependiendo de los ojos en vez de depender de las miradas. Dependiendo de un cuerpo, sin la comprensión: en algún momento se agotará, se convertirá en polvo de estrellas que renacerán para volver a comenzar y por fin visualizar que el físico y lo material se desvanecerán.
Un pájaro preguntó sobre el tiempo mientras veía a sus amantes favoritos perdiendo.
Tantas noches se amaron en el mismo parque, a la misma hora, en el mismo lugar, y con las mismas ganas.

El pájaro no entendió cómo muere su amor si aún hay latidos en su corazón.
El búho silencioso escuchó la nostalgia de ese pájaro que sintió dolor aun sin ser parte de aquel amor...
Pausadamente le explicó: El amor es impredecible como lo es el tiempo. No esperes eternidad cuando la encontraste solo con verlos estar. No pienses en el final, piensa en el contenido, piensa más... Algunos amores se quedan aunque se van.
Cada noche los recordarás, cada noche los podrás soñar. Si viven en tu consciente y en tu inconsciente jamás su amor morirá, eso es lo que llamas eterno.

El olvido pudo tomar el espacio de los desconocidos que hoy dejan sus huellas

separadas por el camino. Pero su amor aunque fugaz, jamás se irá, porque vive en el corazón de un pájaro que los recordará, y en cada aleteo sonreirá a lo efímero del tiempo jugando con la realidad.

Mensajes del universo

Tu energía definirá tu vida.
Lo que irradias se apoderará de ti.
Si irradias tristezas, sembrarás nostalgia.
Si emanas oscuridad, cosecharás tempestad.

Si le temes a la soledad, tocará tu puerta, sin querer abrirle, te observará de lejos.
Te esperará sin condición, esperará la ocasión para tocar tu corazón.
La soledad requiere atención, no cederá ante tu negación. Te debe mostrar que a veces los miedos vienen a enseñar, a veces las tristezas te ayudan a empezar. Borrar todo el pasado y comenzar, verte al espejo y no ver a un desconocido.

Todo eso de lo que huyes no se marchará, aunque pienses que lo alejarás, vendrá. Te demostrará que los fantasmas se pueden afrontar aunque de cerca no lo puedas visualizar.

La vida es un eco, en ella podrás ver tu reflejo. Cuando juzgas, inconscientemente proteges tus defectos. Aprovecha y sé feliz, no reincidas en lo que te hizo sufrir. Deja de huir, nunca es tarde para construir todo aquello que –en ocasiones– te inspira a seguir.

Vestirte de esperanza, opacar la distancia, atrapar el tiempo, disfrutar del viento.
¡Comienza con tu sonrisa! No anheles lo que no das, no esperes lo que no sabes si ha de llegar.

No exijas a los demás, exígete a ti, tratando de mejorar.

Si sientes rencor, el odio regresará. Sana tu alma y disfrutarás del placer de volar. Todo lo que das llegará a ti, la energía en la que vibras volverá.
El universo te contempla.
El universo te manda mensajes.
El universo te dará lo que estés preparado para recibir.
El universo te manda una invitación, quiere que aceptes el reto de ser mejor.

El alma no envejece, se hace sabia

No todo es externo, la verdadera belleza es interna. Si te encuentras, descubrirás en ti todo el poder que nadie te dará, la hermosura de sentir paz, encontrarte a ti mismo para mejorar.

Enfrentar tus miedos, hablar con los fantasmas que atormentan tu ser. Descubrir la magia que posees, aceptar la oscuridad y dar un paso para encender la llama de la verdadera felicidad, esa que no caduca, ni caducará, siempre que la alimentes de tus virtudes y no de tu maldad.

Alcanzar tus sueños, conquistar imposibles, despertar y asumir la sabiduría que solo tú te puedes otorgar.

No busques el amor afuera, cultiva el amor interno.
No importa que no lo veas hoy, en tu interior está la belleza capaz de alumbrar el exterior.

Tocando fondo

A veces, hay un momento en la vida, donde se toca fondo para volver a empezar, para barrer el polvo del pasado y evolucionar.

¡La vida es allá afuera! La vida no esperará mientras te quedas sentado como el mejor espectador sin darte cuenta que eres el director.

Los sueños que anhelas debes irlos a buscar.

A veces, es necesario perderse para encontrarse con la vida. En ocasiones, es necesario golpearnos para recuperarnos después.

Pedimos respuestas al cielo.

Lanzamos susurros al viento.

Las fórmulas para existir no son fáciles de adquirir pero viven en ti. Huimos en lo banal para escapar de nosotros en placeres efímeros sin entender que cuando nos conozcamos podremos nacer.

Hay dos nacimientos: el que te concede tu madre, y el que te haces ante la vida. El segundo nacimiento te permite valorar, sanar y mejorar...es difícil, es el renacer espiritual; descubrir en nosotros diversas formas de andar.

Solamente tú puedes decidir vivir con la intención de ser feliz. En ocasiones debemos equivocarnos y saber que es natural, de las peores tristezas nacerá la más pura felicidad.

No te escondas detrás del amor cuando puedes reinventarlo. No busques el amor en alguien más sin antes haber aprendido a amarte a ti mismo.

¡Estás vivo! Tienes la capacidad para tomar del mundo las estrellas, observarlas y sentirte parte de ellas.

Tienes el don para escuchar las palabras detrás de los silencios, tienes la oportunidad para crecer cada día con el amanecer.

Tomamos por normal las maravillas del mundo sin percibir la majestuosidad de ser parte de él. Hay que levantarnos cada día con ganas de emprender un recorrido guiado por las ganas de aprender.

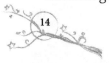

Tener objetivos, organizar la energía, sé parte de la más divina de las sincronías.

¡No desaproveches el tiempo! Conviértete en segundos para apreciar el presente.

Por más difícil que se ponga la vida, siempre será un placer vivir, hasta en los peores momentos habrá una razón para no dejar de insistir.

¡Fuga de estrellas!

Cuando empieces a fortalecer tu yo, el cielo se quedará mudo con tu hermosura. ¡Encenderás el universo como un sol! Llenarás los corazones vacíos de ilusión.

El físico caduca,
la ropa se gasta,
lo material se queda,
cuando tú te marchas.

Nada te puedes llevar... tu alma es lo único que jamás te dejará. ¡Aleja la superficialidad! Quédate contigo, ama tu verdad.

Observa las almas... ¡Crea instantes!
Fabrica acciones que te hagan crecer.
Tiende tu mano al abuelo que miras detrás... detrás de la juventud es donde quizás llegarás.

Es tiempo de no lastimar al hablar.
Es tiempo de no juzgar por la apariencia física.
Es tiempo de no apagar a quienes tienen ganas de brillar.
¡Las burlas déjalas a aquellos que no sienten la verdad que se aloja dentro de sus almas y que un día los arropará!

Adentro de ti: la capacidad de amar.
Adentro de ti: la capacidad de mejorar.
Adentro de ti: la capacidad de encontrar esa belleza que posees y que el espejo no te dará.

¿Por qué forzar lo que no va a regresar?

Nadie puede comprar la verdad.
Los locos aman con mayor intensidad.

Los recuerdos traspasan a otras épocas.
Un olor lleva a un sentimiento.
Un sabor lleva hacia un determinado momento.
Una mirada hace dudar, una sensación te pone a pensar.

¿Por qué forzar lo que no va a regresar? Los sentimientos pasados no volverán, lo que vivieron jamás será igual. Dejar de forzar a veces se convierte en una fórmula para ganar.

No dejes de revivir los recuerdos de la antigua felicidad transformando lo malo en aprendizaje, la equivocación te ayudará a avanzar.

La vida sigue de primer lugar, jamás te abandonará, recopila los momentos de tu alma y los traduce en memorias.

Hay dos clases de nostalgia, la primera es intentar lo que no sucederá de la misma manera en la que te hacía soñar. La segunda es recordar para anclarse al pasado sin ánimo de volver a probar.

Lo que podemos hacer es caminar, recorrer nuevos lugares, no tratar de ir atrás. Si la brisa te hace voltear, dar un giro y pestañear, debes darte cuenta del largo camino en el que has logrado andar.

Madurar es aceptar que el ciclo no se detendrá.
¡No intentes clonar! Las experiencias pasadas jamás las podrás duplicar.
Cada persona que conoces viene para mostrarte algo nuevo, para hacerte reír, para orientarte inconscientemente en tu misión de existir.

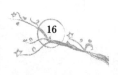

Insomnio inadvertido

¡Un sueño mal reproducido! El insomnio inadvertido, agudiza mis sentidos.

El olvido como enemigo y la almohada como testigo. Entre sombras y escalofrío, el despertar de un sueño ha surgido.

Desde el pasado ha viajado un antiguo camino para impactar la parte de mí que valora soñar, viéndolo como algo esencial.

¿Pesadilla? Tal vez solo otro color de mi realidad.

Una posibilidad que se transforma en lo abstracto para robar minutos de mi paz.

Noche con latidos continuos.

Noche con mal sabor.

Noche con dolor del corazón.

Noche de una gran discusión que atormentó mi ilusión.

Noche de silencios ruidosos, destellos del ayer golpean la ventana de lo que no puede ser.

Noche para descubrir que algunas cosas deben partir.

Entre misterio, locura y desazón, mi alma despierta con desilusión, galopando por un instante en lo prohibido.

Un sueño con intención, mi pestañear me devuelve a mi hogar. Entre la cama y la oscuridad, mi almohada se niega a volver a empezar, por otro sueño no me quiere llevar, le asusta lo que pueda encontrar.

Un viejo amor surgió, para entonar una canción. Tétrica melodía; desenlace inapropiado.

¡No me vengas a visitar, si mis sueños habrás de importunar!

¡No me vengas a visitar, si dejarme sin ganas vas a lograr!

Mejor sanar que reincidir en lo que te quita el juicio y te hace huir del mundo del sueño donde de noche te gusta vivir.

Con rapidez cambia lo transitorio

El mundo sin doctrina, el mundo sin religión.
Separar lo bueno y lo malo, una obsesión.
Con cada muerte, el nacimiento de una nueva vida.
Miles de voces, las palabras volando, no explican con exactitud, siguen siendo palabras.

El tiempo no es real, más reales son los sentimientos. De igual forma, definir la realidad limitaría la grandeza del cosmos.

Los placeres mundanos, las sensaciones efímeras, el respirar del viento, el dolor de la experiencia, la inquietud del futuro, la fugaz alegría, la feroz agonía, la veraz simpatía que busca respuestas que coinciden en distintas preguntas. Buscando implacables, dejamos de percibir porque queremos hallar el objetivo de nuestra búsqueda; en vez de dejarnos llevar por lo que el destino se dispone a mostrar.
El río nos habla,
la naturaleza susurra,
el cielo nos lanza besos dibujados en nubes.

Sin sentirnos dominados, sin dejarnos gobernar por quienes creen gozar de superioridad podremos encontrar sin necesidad de buscar.

Como almas nacemos, como almas partimos.
En nuestros pecados, el nirvana; en nuestro sentir, el infinito perecedero de una idea que muere para convertirse en esencia.
Hora de renacer y convertirnos en niños, amar lo que viene para partir. Dejarnos deslumbrar por el placer de vivir la unidad de la humanidad que se convierte en TODO para enseñarnos la NADA y probar sorbos de felicidad después de navegar por la soledad.

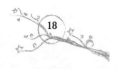

Superar etapas

De cada derrota, una victoria.

De cada desaliento, un nuevo respirar.

De cada día, un motivo.

De cada tristeza, una experiencia dejada atrás.

De cada noche difícil, un mañana colosal, con las ganas de cambiar lo que anteriormente te causó algún mal.

No te arrepientas de lo que ocurrió, en un tiempo será parte de tu crecimiento interior que no visualizas tan bien el día de hoy.

Te levantaste, sigues existiendo, ninguna infelicidad pasajera te ha quitado el poder de continuar.

¡Crecer! De eso se trata vivir.

¡Superar etapas! De eso se trata existir.

Depresión

¿Perdido? ¿Sin motivación? ¿La depresión acudió? No te preocupes del futuro, no sabes si pasará. Trata de enfocarte en lo que te hace feliz. Si nada te llena, descansa, busca motivos en la soledad para volverte a levantar.

Utiliza tu don y si no lo has encontrado, no pares de buscar. La inspiración canaliza la felicidad pero de las tristezas, lo mejor siempre ha de sacar.

La naturaleza canta para ti, te tiene algo que decir: No te preocupes por el mañana, dejarás de escuchar tu HOY.

La vida es fugaz y el tiempo no es real.

Estamos todos como una hermosa casualidad, en un grande lugar, sin saber la verdad, tratando de imaginar que un día la humanidad podrá despertar.

Vivimos un gran sueño y lo llamamos "realidad". Nos guiamos por ciertos parámetros que llamamos "sociedad".

El orgullo se adueña de nuestra personalidad, nos hace reprimir sentimientos que quisieran saltar, decir la verdad, nadar en mares de honestidad y no callarse por temor al ego dañar.

¿En depresión? No trates de forzar sonrisas, deja tus lágrimas en libertad, es tu proceso para poderte encontrar.

Piérdete en el dolor, es la única manera de sanar pero siempre buscando la forma para avanzar.

No te quedes habitando en el sufrimiento, si llegaste a la calle melancolía, aprende de tu estadía pero luego ve hacia la salida.

Tendrás que perderte muchas veces pero solo así disfrutarás el efímero bienestar que causa poder sentirte acompañado aun en soledad. ¡No temas perderte! Teme quedarte en tu zona de confort donde sientes vacíos pero desconfías de lanzarte al camino y te quedas en lo conocido aunque no te sientas vivo.

¡Mejor perderse y apostar por la felicidad que quedarse donde no la encontrarás por temor de poderte extraviar!

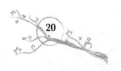

Nadando en las tristezas

Me sumergí en la tristeza, nadé en ella exhalando decepción, apatía, y pocas ganas de seguir el reloj.

El tiempo se paró y sentí que una parte de mi voló.

Nadando en las tristezas resurgí, desde lo más hondo de mi espíritu entendí que vivir es una aglomeración de emociones de las que no puedes huir.

No puedes fingir una sonrisa cuando tu alma llora. Desde la desilusión pude empezar. ¡Todos los sueños rotos volverlos a pegar! Todo lo que proviene del corazón debe salir, no guardarte lo que quieres decir.

Un mundo de posibilidades. En medio de una depresión, sin motivo, sin lugar, sin razón; logré conseguir un instante para existir.

¡Antes de empezar a ayudar a los demás, debes empezar a ayudarte a ti! El entendimiento llegó. Una lágrima marcó el inicio de una transición.

Un sueño iluminó el laberinto interno que no quería recorrer, invitándome a entrar en él. Conociendo mi alma, comprendiendo mi ser.

Una buena razón para crecer es intentar conocer tu interior, partir del error, conseguir la felicidad, irradiar luz al exterior después de haber iluminado todo tu yo.

Transitar por la sensación del dolor para luego habitar la etapa de sonrisas constantes, de anhelos desenfrenados, de sueños que te impulsan, de ganas de proyectar cambios.

Puse el tiempo en stop.

¿Mi causa? La liberación.

Dominada por una vieja idea brotó una nueva.

El pasado con desazón consigue un rumbo para canalizar los deseos del corazón.

Estaba triste porque dejé de ver…Una vida que no se vivir, y un día en el que no quería salir, encontrándome conmigo pude descubrir que cada ocasión es una sensación, que cada tropiezo hace interesante el camino, y que cada mañana es mejor emprender el rumbo por las maravillas del ser.

No perderme a mí misma, despertar del mal sabor.

No escapar de los sentimientos opacos sino aceptarlos para escarbar en ellos.

¡La felicidad está aquí y con los brazos abiertos la pienso recibir!

Tristeza

Tristeza del ayer, tristeza de lo que no ha de volver.
Tristeza traducida en nostalgia y convertida en adiós.
Un suspiro por la equivocación, situación vestida de error.
La gente y las sensaciones, los procesos y sus transiciones.

De la vida poco debo saber, me limito a leer y a tratar de entender.
Un sentimiento que caducó, el corazón aún no lo entendió.

Un brindis por aquel amor que de eternidad se disfrazó y la máscara de amistad utilizó.
Un brindis por aquel amor que prometió llevarte de la mano por la calle ilusión y luego con disparos de realidad te mató.
Tristeza por no poder intuir que no se puede existir por un pasado que por alguna razón debes concluir, dejar ir y no repetir.
Calle despedida, un lugar donde solo de paso puedes estar, luego debes dejarlo atrás sin de nuevo voltear a mirar lo que ya no va a regresar.
Un brindis por el antiguo amor, el que te dio a probar una dosis de eternidad; el que te hizo volar, y de pronto, te obliga a olvidar.
El brindis del olvido acabó, ahora sin tristezas a valorar el hoy.
¡Sin comparación! ¡Sin tratar de igualar! Es mejor nadar por el mar de lo que ha de llegar; con la armonía de volver a caminar sin necesidad de una mano para andar.
¡Cuando alejes el dolor podrás amar!
¡Cuando el miedo no tome lugar, podrás arriesgar!
¡Cuando decidas entregar sin miedo a fallar, podrás encontrar!
¡Todo llega en el instante adecuado! ¡Sin presión! ¡Aprende de tu soledad!
El destino y su magia, de hija la casualidad, de enamorado la eternidad, de amante lo fugaz.
Cupido actuando detrás, mejores amigos jugando con la pasión, ocultos siempre en la razón.

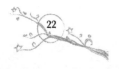

De las peores tristezas
nacerá la más pura
FELICIDAD.

Para: La persona indicada
De: Aquel que llaman destino

¿Cuál es la decepción? La vida es AHORA y si me lees es porque sigues respirando, sigues existiendo, sigues siendo parte crucial de este universo.

¿Qué hay detrás de tus lágrimas? Una mala noche, un mal día, una mala situación... Más allá de eso sigues siendo real y todo lo real tiene altos y bajos, sin perfección. Lo que hace que seas preciosa es tu imperfección.

Seca tus lágrimas, el mundo sigue andando. Saca de tus tristezas la inspiración y barre las calles de tu alma con amor. Si te fallaron pasará; si te decepcionaron pasará... Canaliza tu energía, eres parte de la sincrónica y aunque no formes parte de mi vida en este instante te siento cerca aun en la lejanía.

Tu sonrisa es la solución y la noche de hoy escribo en tu honor. No sé cuál será la situación que atormenta tu ilusión, pero la inocencia es la mejor receta para curar. Por eso te invito a no dejar de intentar, por pensar que tienes que madurar para que no te vuelvan a lastimar.
¿Un día en el que no quieres seguir? Acuéstate a dormir. Si el insomnio te visita, déjalo pasar; te dará las respuestas que necesitas escuchar. Si te duermes llorando, cuando te toque despertar saca de tus sueños la fórmula para continuar.
La vida seguirá y lo hermoso de vivir es poder sentir, no huyas de tus sentimientos pero no te encadenes a la depresión.
¡Eres la estrella favorita de mi noche!
Regálame una sonrisa, si no me la puedes otorgar, te regalo la mía hasta que puedas encontrar la forma de volver a dibujar esa alegría que de tu boca saldrá cuando con un gesto empieces a curar y una sonrisa al viento me venga a contar que conseguiste la felicidad.

Hoy

Hoy un alma te desea puedas despertar entendiendo que tus dudas forman parte de ti y te ayudarán a conseguir una razón para vivir.

Hoy un alma te pide creas en tu voz, desde adentro, podrás sentir mejor.

¡No te distraigas! El dolor te ayudará a volar, no te quedes con sus alas, también puedes crear.

Hoy un alma como tú, te invita a comprender que la felicidad es efímera, te regala una bienvenida y se acerca a tu vida, para irse después sin mayor despedida.

La mente encarcela el alma a través del pensamiento. ¡No te quedes anhelando el futuro! ¡No llores por haber perdido el ayer! No pares tu búsqueda, solo tú puedes calmar la sed del interior pero no dejes de disfrutar tu recorrido por vivir deprimido.

Hoy un alma te desea que puedas andar valorando los regalos del exterior, sin perderte en la materialización.

¿Quién dijo que sería fácil?

Es difícil desde el primer instante, cuando vienes por imposición traducida en amor. Nadie te preguntó, si querías vivir, sencillamente hoy estás aquí. Sencillamente tienes una oportunidad para surgir pero lo que hagas con tu vida, va a depender de ti.

¿Quién dijo que no habría dolor? Atravesamos ciclos, superamos etapas, afrontamos despedidas, aprendemos a dejar ir, aprendemos constantemente a vivir.

¿Quién dijo que no habrían riesgos? Consiste en arriesgar y no asustarse al fallar. Consiste en no pensar que siempre tendremos que ganar. Aceptar la derrota como parte de la lección, que en ese instante, necesitaba tu interior.

¿Quién dijo que las ganas serían constantes? Somos humanos, el sentimentalismo puede hacernos dudar, muchas veces podemos querer parar y no continuar. La vida tiene altos y bajos, la paz consiste en aceptar la variación del humor.
Sentir y dejar ir.
Tener la fuerza para no huir.
Descansar, si necesitas dormir.
Escuchar al inconsciente y volver a insistir.

¿Quién dijo que conseguirías las respuestas? Es un acertijo que se resuelve con la experiencia. Se trata de existir sin la certeza. Utiliza tu luz. Utiliza tu oscuridad. ¡Haz el equilibrio! ¡Encuéntrate contigo! ¡Pregúntate por qué has estado tan perdido!
Solo tú te podrás contestar. Hoy te mando esta pista para alentarte a buscar. ¡No te confundas! La búsqueda está en ti. En ningún otro lugar lo podrás conseguir. Hoy te invito a volver a tratar, te invito a dejar lo que te molesta y avanzar hacia otro lugar. ¡No permanezcas donde eres infeliz! ¡Descúbrete! ¡Falla! ¡Acierta! Si estás de malhumor y tu ánimo es una decepción, deja todo a un lado...

¡Comienza tu viaje! ¡Despréndete de la mala energía! ¡Vuelve a comenzar! El tiempo es mental, nada es imposible. ¿Qué esperas para empezar?

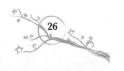

Lo que dejamos de hacer

Lo que dejamos de hacer se acumula en nuestro ser impidiéndonos crecer. Negamos el adiós por temor. Nos privamos ante la posibilidad por un pasado que lo que hace es restar.

Dedícate un momento a pensar, las cosas buenas vendrán mientras sepas madurar y separarte de lo que te impide avanzar. Lo que dejamos de hacer por temor a perder se transforma en cobardía disfrazada de madurez, para impedirte entender que si no arriesgas jamás podrás saber.

Lo que dejamos de hacer por temor a aprender, nos deja en la zona de confort carente de felicidad y repleta de soledad aunque en compañía podamos estar.

Lo que dejamos de hacer por no querer creer en lo que vendrá, nos mantiene en el error sin poder visualizar el amanecer por miedo a que la luna no nos quiera otra vez.

Lo que dejamos de hacer nos impide conocer. Lo que dejamos de hacer esconde en nuestros sueños lo que no podemos tener en la realidad, pero preferimos soñar y esperar pensando que todo llegará aunque no se haga nada por dejarlo entrar.

Lo que dejamos de hacer se transforma en piedras en la garganta; en lágrimas ahogadas, en deseos latentes oprimidos por la razón que empaña cualquier indicio de amor.

Lo que dejamos de hacer escondiéndonos detrás del tiempo con la excusa del mañana puede caducar, matando desde adentro la posibilidad. El mañana no es seguro, puede llegar o puede quizás ser la última vez que podrás festejar ser cómplice de este lugar con una vida qué protagonizar.

Lo que hoy dejas de hacer, lanza una lágrima por el ayer, queriendo que por primera vez hagas lo que te provoca hacer y no lo que piensas, será lo mejor aunque aniquile tus ganas de querer y te impida ver.

Ni tiempo ni minutos

Sin ganas ni motivos,
sin sonrisa de antifaz.
Me encuentro en lo que busco,
y paro de buscar.

Mis fantasmas me persiguen, los invito a pasar, les sirvo una copa y comienzo
a preguntar...
¿Por qué es su costumbre tratar de importunar?
¿Qué pasa si no temes? ¿Aun así vendrán?

Apacible la espera llena de largas fronteras.
Los fantasmas insisten en molestar.
La noche persiste, vuelven a fallar.
El temor se ha marchado, el tiempo ha caducado.

¡No hay prevención al reloj! Otra hora más que se derritió.

¡Un poco de vino para endulzar el adiós que he venido a otorgarle a la decep-
ción!
Los fantasmas preguntando por el ayer,
y yo contestando, que lo dejé, sin detener.
Que no hay tiempo, ni minutos, que me hagan volver.

¿Sistema o espíritu?

Realidad cambiante, fantasía constante.
Excelso a la razón.
Se guía por la lluvia de su interior,
en ocasiones puede transformarse en sol.

Displicente ante la soledad.
Su reto es poderla enamorar.

Azacanearse en sus versos,
envolverse entre su voz,
conseguir la inspiración de la belleza exterior.

¡Su corazón grita y vuelve la tormenta de emoción!

¡Revolución espiritual!
Navega sin cesar.
¡Se puede equivocar!

Guiado por su brújula quiere descubrir los secretos de su ser.

¡Un idealista! ¡Un apasionado!
¡Imposible que sea domado!

¡Navega en un mar de olores, con diferentes sabores, con diversos colores y
grandes amores!
De brújula, sus sentidos.
Su alma, el principal motivo.

¡Un caso inusitado!
Una vez perdió lo amado.
De repente entendió...
El amor es libertad,
sin presionar, sin sujetar.
¡Alborozando en los instantes, sin alusión a eternidad!

Recoge los frutos de su equivocación, en vez de botarlos, los planta para que se conviertan en flor y le enseñen la importancia del error.
¡Espíritu joven! Vida de gitano.
¡Espíritu soñador! Vive de los tropiezos del corazón.

¡Un loco enamorado! Se enamoró de una desconocida que lo miró.
Sin ánimo de correr, la dejó ir.
Ella no lo sabrá pero su sueño visitará.

¡Un loco que es feliz por ver a otros en su intento de existir, sufriendo en vez de reír!

¡Amor a destiempo! ¡Besos que se han muerto! Lo agobian las arrugas de su mente cuando daña -sin querer- a otra alma que no logró comprender que amar no es retener.

Noches como hoy un loco de espíritu soñador, te ama en su habitación aunque no puedes vislumbrar el significado del amor que no va a entorpecer su búsqueda para pretender atarse a otro ser.

¡Enigmático con curiosas ramificaciones! Debilidad por las pasiones, expuesto a caer en tentaciones. Dibuja la vida, idealiza al ser humano.

Sufre en silencio. ¡Nadie nota sus sentimientos!

Vive en el misterio de conseguir las respuestas del viento.
Deshacerse en la melancolía de la muerte, para revivir inconsciente valorando el presente

Viaja sin parar, su destino es alcanzar la totalidad de la bondad para construir un mundo donde todos puedan amar y nadie tenga tiempo para juzgar.

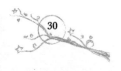

De repente

De repente te das cuenta que hay un motivo para sonreír y la tristeza que te cubría se transforma en ganas de seguir. De repente empiezas a percibir y hasta el viento te hace feliz.

Todo comienzo es una oportunidad, aunque las ganas de empezar no acudan ya, indudablemente vendrán. Si hay algo que no te deja avanzar, observa a tu alrededor, la respuesta que buscas la encontrarás.

Aléjate de lo que te impide alumbrar, tu luz es necesaria, no la apagues por no saber parar.

A veces el adiós es la solución. Un ciclo cerrado para abrir la página de tu corazón hacia la aventura de vivir dándote tú misma el amor.

No sabemos cuándo la vida se acabará, el instante que hoy te atormenta se irá...déjalo volar hacia otro lugar. El amor sin libertad es solo un antifaz para aquellos que no saben amar.

El amor sin respeto, jamás será amor. Es solo una ilusión para aquellos que quieren menospreciar para amarrar.

Un día sabrás que el pasado te ayudó a mejorar, que las viejas tristezas se van, y que tu alma está preparada para otra historia crear. Un día sabrás que nada pasa por casualidad que lo que llamabas error te ayudó a caminar.

Los momentos difíciles crean tu fortaleza. No pienses en la depresión, piensa en lo bonito de vivir sin la certeza de lo que está por venir.

Regálame una sonrisa... ¡Me hará sonreír!

Huellas

Algunas huellas se unen y se pierden, se toman y se dejan, vuelven para irse y se van para volver.

Aprendemos al marcharnos.

Aunque el miedo acuda.

Aunque el silencio rompa.

Aunque caminar se haga difícil.

Aunque perder sea una opción.

Perdemos nuestro rumbo, para encontrar una pieza de nosotros. Algo que faltaba, que estaba oculto.

Al perdernos encontramos ese indicio que nos impulsa a creer.

Los pasos marcan el camino.

Las historias marcan lo que ese camino significa.

El trayecto definirá quién eres.

El desenlace definirá por qué.

Las huellas se unen, los desconocidos se conocen, los grandes amores se separan, las casualidades llegan para vestir algunos tiempos de esperanza.

Las ilusiones siguen andando, no se detienen con el desaliento.

Un corazón que aún puede dar amor, vale más que mil corazones rotos que dejaron de intentar por miedo a fracasar.

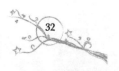

Reconoceré tu mirada

Reconoceré tu mirada... Nos volveremos a encontrar.
¡Una vida no es suficiente para amar!
Mi corazón te aguardará, en mis recuerdos vivirás.
Me diste tanto que no se podrá apagar aunque por otros cielos te toque volar.

En mi presente habitarás.
En el fondo de mi alma estarás.
Cuando el sentimiento es real no tienes que tocar, ni mucho menos limitar.
Cuando el sentimiento es real, la distancia no es un impedimento para poder amar.
Te quiero en libertad, te quiero sabiendo que no volverás.
Te quiero con la certeza de jamás marchitar un sentimiento que ha de perdurar.

¡Nos volveremos a encontrar!
Quizás con otros cuerpos.
Quizás en otra vida.
Quizás en un lugar donde el tiempo no es real, donde la eternidad marca el momento de nunca acabar.

Nos tocará coincidir y tendré la madurez de no dejarte ir.
Con besos expresaré lo que estos versos quieren hacerte saber.
Entre lo onírico te veré con la ilusión de tenerte sin necesidad de la piel.
En mi realidad entenderé que esta despedida tenía que suceder aunque hoy me duela no poder amanecer y de tu mano el mundo recorrer.

Nos tocará coincidir, mi esperanza me dicta que no es el fin.
Aunque a partir de aquí, camine sin ti.

Te quiero entre largas esperas. Te quiero en mi intento de retroceder hacia aquel tiempo donde me ayudabas a no caer y yo con mis brazos te trataba de sostener.
Quizás el hoy nos necesitaba enseñar lo importante de valorar antes de empezar a extrañar. Quizás por las noches entre sueños me vendrás a visitar y nuestras almas harán un pacto con la soledad, para en silencios, con ayuda del viento, podernos rozar.

Mi sueño

¿Mi sueño? Ser un orgullo para la mujer que me dio la vida. Y aunque hoy no pueda verla, puedo imaginarla. Aunque no pueda observarla, puedo recordarla.

Aunque no pueda acariciarla puedo sentirla, el mundo utópico acorta las distancias mientras pueda soñarla.

Mientras mi corazón la mantenga intacta vivirá.
No necesita la piel mientras exista mi querer.
No necesita estar aquí mientras mis acciones la hagan vivir dentro de mí.
No puedo oler el perfume que emanaba pero puedo percibir el olor de su interior, ese que me hace sonreír y tener más motivos para seguir.
La distancia no existe mientras exista amor.
No puedo contarle la misión de mi vida cada nuevo día.
No puedo contarle mi dolor pasajero, no puedo expresarle mis éxitos y logros... pero con cada respirar se que lo sabrá, el destino nos unirá mientras sepamos esperar y no desesperar por lo que siempre va a estar.

Una promesa de amor que no se romperá.
Una promesa de amor que jamás caducará.
Una ilusión que ha de perdurar y dos vidas que jamás se olvidarán.

Sin certezas.

B: ¿Crees en la eternidad?
A: Solo si tú me la das.

B: ¿Crees en el olvido?
A: Nace cuando te aburres de lo que has vivido.

B: ¿Crees en la fidelidad?
A: Prefiero la lealtad.

B: ¿Y si te digo que quiero pasar mi vida contigo?

A: Entonces, no tendría que ser pregunta.
Tendría que estar en modo afirmativo.

B: Tengo mis creencias. Para mi dudar es un indicio de amar.
A: ¿Una duda indicio del amor?
B: La certeza en el amor es sinónimo de pertenencia, la pertenencia es sinónimo de costumbre, y la costumbre jamás será sinónimo de amor. Prefiero dudar.

A: ¿Muchos amores o uno solo?
B: Los que tu alma necesita tener antes de encontrar al verdadero.

A: Siempre esperas algo; vives sin conformarte. ¿Qué buscas?
B: Definirlo es limitarlo... Quizás una duda que signifique para mí lo que para ti significa la certeza.

A: ¿Tienes miedo al amor?
B: Tengo miedo al después... A las lágrimas desordenadas, a la rosa marchita, al ruidoso silencio, a la habitación vacía, al delirio transformado en insomnio, a la latente melancolía, y por supuesto a la terrible sed del ayer, que al tomarla deja peor las ansias. De eso temo, no del amor.

A: Todo eso viene acompañado del radiante renacer que quizás traiga consigo otro amanecer.
B: Por eso son tan difíciles los comienzos luego de haber conocido el ardor del amor en su máximo esplendor para después ceder ante el agua que lo cubre para secarlo.

A: ¿Volverías a amar?
B: De algunos vicios es imposible desprenderse.

A: ¿Volverías a entregarte?
B: Con mayor precaución.
A: ¿Para siempre?
B: El para siempre es este instante. Sin certeza se ama mejor.

En el quizás

Te espero en el quizás, no sé si vendrás.
Te espero sin esperar.
A veces pienso... ¿Llegarás?
No es mi fuerte el atinar.
En el jamás, es de mal gusto, no extrañar.

Hice un pacto con el viento, la soledad mi compañía hasta rozar tu cercanía.
Hice un pacto con la luna, me cuenta tus diez mil aventuras.
Me trae noticias de tu existir mientras yo la veo y puedo sonreír.
Hice un pacto con el sol, te llevará mis versos con cada amanecer, mientras otro sentirá tu piel.
En el quizás te espera el amor, haciendo pactos hasta con el dolor, para endulzar tu corazón cuando la tristeza robe tu ilusión.
Observando tu diáfano reflejo, intuí aún no sabes que serás para mí.
Jugando a querer,
jugando cada día a renacer,
jugando sin querer perder,
 jugando sin saber quién te piensa sin necesitarte tener.
Vas jugando mientras Cupido te espera en lo desconocido. Vas jugando en el azar, yo esta noche volveré a soñar, espero entre lo onírico poderte besar.
La brisa me hace añorar, la paciencia empieza a trabajar. El viento me cuenta que seguirás, con la persona equivocada hasta que el destino empiece a actuar.
.Un breve instante bastará para poder volar a través de lo que no ha de caducar.
Entre silencios me podrás pensar, la sombra de lo incierto te ha de acompañar.
Soñarás con el amor sin analizar; también te sueñan en el quizás.

Visítame en mis sueños

Ahí te puedo observar.
En mis sueños algunas noches me enseñas a amar.
En la realidad no te imaginas que al despertar sonrío porque en mis sueños volviste a estar.

Desconocida perfecta de mi verdad.
Conocida ideal que entre lo onírico me hace sanar.
Te veo mientras me ves, no me animo a invadir tu ser.
Prefiero esperarte cada noche al dormir y compartida entre dos mundos verte existir.

Me animo a dejar de sentir la utopía perfecta para empezar a vivir. Veo tu rostro y quisiera sonreír, conozco tu alma aunque no lo puedas percibir.
Entre la distancia asentí, no puedo alejar lo que me hace feliz.
Sin elección, me visitas en sueños para hablar del amor.
Sin precaución, tus labios en mis labios son mi adicción.
Al despertar te quisiera encontrar, al lado de mi cama para desayunar.
Al despertar quisiera conquistarte cada día una vez más pero solo en sueños te puedo tocar. Solo en sueños puedo disfrutar de la presencia que me inspira a volar. Espero un día nos toque coincidir para que mi realidad sea un sueño con sabor a ti.
Tu alma y mi alma se presienten.
Tu cuerpo y mi cuerpo aún están ausentes.
Esperaré, el tiempo y el destino sabrán si debe ser y buscarán una manera para hacerlo suceder pero si mañana despierto feliz es porque a mis sueños volviste a venir.

Simulando

Simulando que en verdad te lograré hallar.
Simulando que quizás una tarde estarás.
Solo busco encontrarte, caminar en silencio, sin hablar.
La tierra sería un mejor lugar si tu compañía me logra brindar.

Entre versos y besos un amor de otro tiempo.
Entre vidas y almas, una gran añoranza.
Entre largas esperas, las potentes estrellas.
Despertar y buscar un motivo que una lo onírico y lo real.

Te busco entre mis sueños, sintiéndote en cada uno de ellos.
Te busco en la ilusión de poder rozar tu corazón.
Te busco en la esperanza de encontrarte al andar y en tus ojos visualizar mi hogar.
Te busco en lo efímero y lo fugaz.
Te busco aunque no sé por dónde empezar.

Te busco al idealizar una vida, donde lo interior valga más que los tantos disfraces que implantamos para ocultar un alma cargada de ánimo, un alma ansiosa por mejorar, superando los obstáculos que la hacen llorar.
Te busco sin presión, te busco sin forzar al amor.
Almas desconocidas

Diferentes lugares en este instante.
Quizás demasiado cerca.
Quizás demasiado lejos.
Quizás tendrán que esperar para poderse encontrar.
Quizás pronto podrán deleitarse con el poder que se siente amar.

Hola desconocida, anhelo tu cercanía.
He fallado lo suficiente y siempre pienso en tu compañía.
Me han decepcionado para dejar de creer y me mantiene atento esperar tu querer.

Aún no se conocían, sus almas se presentían.

¿Casualidades?
Pequeñas pistas
que nos manda el destino.

Te espero sin saber que vendrás.

Te quiero por lo que representas en mi interior.

Te quiero porque mi alma se quedó prendada a tu ilusión.

Corazones latentes, emociones perdidas, sentimientos abandonados.

Mi alma sabe que vendrás, algunas noches disfruto imaginar que cada persona tiene su mitad.

Mi misión es avanzar si lo logro te podré alcanzar. No puedo apresurar, nos podríamos lastimar por no estar preparados para empezar.

No es bueno forzar, las cosas vendrán, en el momento adecuado se manifestarán.

Te extraño al irme a acostar, eres mi utopía al despertar y durante el día trato de lograr mi misión con la esperanza de tenerte para compartir mi corazón.

No sé quién serás, sé que llegarás para robarme suspiros y compartir mis sentidos.

Ya no quiero otro error, de tanto fallar mis ganas de amar dejaron de insistir.

Me escondí tras la parte dura de mí.

¿Cómo olvidar lo que no sucedió? los sueños no se pueden obviar.

Te tengo cada noche al soñar y me gusta más que la realidad.

No sé si las probabilidades servirán para podernos hallar. Pero mi musa serás y entre el olvido te escribiré a ver si una noche me puedes leer.

Aun sin saber, tu alma sabrá comprender, una sonrisa te ha de delatar pero no la podré observar.

Aun sin mí... Espero sea una conexión real y en este instante me puedas pensar aunque el viento aparte mis letras hacia otro lugar. ¡Tiempo de esperar!

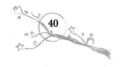

Te quisiera encontrar

Te quisiera encontrar paseando en la ciudad...
¡Que tu mirada y la mía puedan hablar!
Te quisiera encontrar para visualizar lo que solo en mis sueños puedo observar. Sé que pasará, en algún momento te podré hallar.

Así como yo, tu alma me busca sin parar.
Esperando el instante preciso para amar.
Sin condición, quisiera sentir tu corazón.
Primero he de aprender para no perderte sin querer.

Tener la madurez para ser fiel.
No dejarte partir, no huir por temor a sentir.
Te quisiera encontrar para llenar mi soledad de la alegría de tu respirar.
Te quisiera encontrar para hallar la eternidad y a tu lado despertar sin pensar en el final.

Te quisiera encontrar y sé que pasará.
Más que una historia de amor, más que una pasajera ilusión.
En mis sueños te vi, por ahora me entretengo siendo feliz para la mejor sonrisa concebir cuando estés cerca de mí.

Te quisiera encontrar para colorear las noches con tu olor, y decorar el ambiente de pasión. Te quisiera encontrar para iluminar tus días con la más pura energía.
Te quisiera encontrar para dejar de buscar inventando razones para cada día reinventar tu amor y hacer que me quieras como te quiero yo.

Mi alma presiente lo que ha de pasar.
El viento me explicó: Paciencia que las cosas buenas tardan en llegar.
Un alma encontrarás y no lo dudarás, será el momento para amar sin lastimar.

¡Que no se escapen los sueños!

¡Que no se nos vaya la vida pensando en un pasado que por alguna razón no forma parte de nuestro presente!

¡Que la vida no nos viva!

¡Que seamos partícipes de nuestro ahora!

¡Que no se escapen los sueños!

Queda prohibido no soñar, pero es imperdonable no ir tras los sueños hasta volverlos realidad.

Disfruta el momento, no hagas tantos planes a futuro que se te va a ir la vida planeando. Busca convertir tu presente en el lugar donde quisieras estar y así... no vivirás del pasado ni del futuro si no de tu ahora.

¡Si quieres a alguien: búscalo!

Si tienes miedo a fracasar y por eso no lo intentas pues ya fracasaste. No es el físico, es la actitud.

Por miedo a intentar se pierden las mejores cosas.

Si sientes esa conexión, si no te deja dormir en las noches...

Es fácil: ¡atrévete!

Si aún no crees en la magia, te invito a ver un buen amanecer.

Si estás deprimido porque crees que perdiste lo que amabas. Te equivocas, ganaste la experiencia y seguramente vendrá algo que amar ¡para siempre! Por cierto, a veces los para siempre duran un instante y sin embargo, son eternos y no caducan a través de las épocas ni de los tiempos.

Si te sientes tan extraviado por no encontrar el amor...

¡Pues comienza a amarte a ti mismo!

Si la persona que amas se fue muy lejos y no por elección sino por algo superior. Cierra tus ojos y disfruta del recuerdo. Las mayores distancias las acorta un corazón con ganas de amar. Pero lo más importante: ¡Valora el instante, disfruta el segundo, observa, diviértete, ríe, llora, calla, lee un buen libro y entiende! ¡Nada pasa por casualidad!

¡El momento es ya!

¡Deja de imaginar!

Ya tendrás tiempo para idealizar tus recuerdos, ahora disfruta y haz lo que quieras con eso, eso que llamamos momentos y forman parte de los fragmentos de una película de horas ilimitadas que llamamos VIDA.

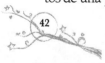

¡Muchas vidas, muchas almas!

Un mundo repleto de risas y de agonías;
de sueños y de quienes no creen en los sueños.

Amores vienen, otros se van.
Muchos nos marcan, a veces ninguno.
Hay alguien en algún lugar, perdido en un instante, jugando con el tiempo y
apareciendo en fragmentos de nuestros sueños.
No es el físico, es la esencia.
No es la suma de momentos, es la calidad.
En algún lugar en los rincones de una ilusión...
¡Ahí está!
Tu destino huele su sombra, tú la ignoras pero idealizas su imagen deseando
que pase de utopía a realidad, y que ese encuentro forme parte de tu verdad.

Te agradezco a ti

¡Te agradezco en este preciso instante en el que me lees y piensas que no es para ti! Agradezco que seas parte de mi inspiración.

Agradezco tus comentarios, agradezco tus sentimientos, agradezco la sincrónica, agradezco la utopía de estar hablando aunque nuestros cuerpos no coincidan.

Me gusta pensar que no existe la casualidad y que cada cosa que lees te tenía que llegar. Cada cosa que escribo me servirá en algún momento para continuar.

Hoy escribo para agradecerte... Sin límite, sin diferencia de pensamientos, sin diferencia de estatus. ¡El alma habla! ¡El alma escucha! ¡El alma escribe! ¡El alma lee! Pero sobre todo: ¡El alma siente!

Alguien.

Cuando leas esto alguien en algún lugar estará pensando en ti. Alguien en algún lugar inventará razones para hacerte sonreír.

Alguien te espera para convertir silencios en besos. Para convertir tristezas en paz. Para convertir costumbres en un amor de verdad.

Alguien se deja llevar sin pedir nada más...aprendiendo lo bonito de amar sin esperar algo a cambio que mate la libertad.

Alguien perdido en el tiempo te regala sueños.

Alguien estará contigo siempre... Aunque tal vez, habite en los recuerdos de algo casual que se volvió imposible de olvidar.

Alguien te regala líneas que se perderán con el viento para demostrar lo valioso de lo que viene y se va aunque siempre vaya a perdurar.

Al revés

Acordamos la distancia, cesamos nuestras ansias, el orgullo acudió, mala decisión.
Si me ves y no te animas, la mirada la desvías, mi ego me impide ponerme a tus pies.

Un beso es el comienzo.
Si el "Hola" se aloja en el después.
Es tu alma la que quiero y no me dejas de ver.
El miedo me impide acceder y volver.

De espalda al amor, adiós ilusión.
Mi tarde estará ciega del error.

El destino se ríe, el destino voltea, debo insistir.
Una próxima ocasión para poder enmendar mi equivocación.

Mundos paralelos, el cosmos que nos une, la vergüenza nos separa.
La distancia es la aliada,
para aquella mirada.

Mi recuerdo te contempla,
efímera conexión.
Ensordecedora decepción,
aún no te tengo en mi hoy.

El destino y su compasión,
la vida y su hermosa discreción.

Otro encuentro llegó, otra mirada surgió.
Esperado encuentro entre dos.
Hagámoslo al revés,
la primera palabra que pronuncié.
No te quiero perder, fueron las palabras de aquel ser.
Haciéndolo al revés, sin timidez.

Sin miedo del rechazo, sin ego, sin retroceder.
Sin ser desconocidos.
Acortando caminos.

¿Qué dice Cupido? Un flechazo y pasó.
Ahora mi presente contiene su voz.

Seguimos al revés.
Nos olvidamos la primera vez.
Ahora estaremos juntos por cada amanecer, sin asustarnos por el punto final que suele contener querer.

Error

Eso que llamas error próximamente será parte de tu solución. Eso que hoy te causa dolor próximamente te ayudará a ser mejor.

Si una lágrima se escapa y culpas a tu equivocación, más adelante entenderás que nada pasa sin razón.

Si lo que llamaste amor ahora tiene por nombre traición, no te angusties por no entender qué ocurrió, no era la persona para tu corazón.

Si el pasado sumergido en la tristeza no te deja dormir y vives buscando un motivo que te explique cuál fue su fin...

El presente es un libro sin abrir no te quedes en el ayer que te hace sufrir.

Si la respuesta no aparece, quizás debes cambiar de pregunta. La vida es un signo de interrogación que se vive mejor con amor.

Existir jamás será lineal, solamente debes sentir y quedarte en la felicidad de sonreír.

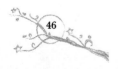

Tus alas quieres extender
y en tu vuelo no quieres
que esté.

Desde lejos te observaré
Anhelando que en tu viaje
puedas expandir tu ser.

Despedida

A tu lado crecí, de tu mano fue bonito existir.
Lo que siento no puede morir aunque hoy decidas ya no estar junto a mí.
Mi querer no busca retenerte, aunque no desee perderte, entiendo que desde ahora no serás mi presente.
Tus alas quieres extender y en tu vuelo no quieres que esté.
Desde lejos te observaré anhelando que en tu viaje puedas expandir tu ser.

¡En tus recuerdos mi sonrisa hallaré!
El amanecer de mis ojos te extrañará...
¡Mi esperanza es y será tu felicidad!
No te puedo detener, mi amor entiende que en tu libertad estará mi fe.
Instantes imborrables en mi memoria tendré.
Momentos de un tiempo en el que mi voz bastaba para curar tu sed.

Si se te escapa un suspiro acuérdate de aquel...
Quien te espera aun sabiendo no vendrás por él.

Mi promesa de amor te entregué.
Aun sin tu presencia jamás te olvidaré.

Agradezco me hicieras creer...
No hay más por hacer, tus alas te llevan hacia otro lugar.
Yo comprendo que tu amor terrenal se agotó pero quiero entiendas que tengo amor para los dos.
¡El final no es más que una ilusión! Buscaré tus ojos en otros ojos, y me alegraré porque tu existencia me hace saber que aunque pasen mil años, de ti jamás me desprenderé.
Tu libertad te hace no mirar atrás...
Me quedo en el minuto donde yo era tu paz.
Y como acto de amor te digo adiós y te agradezco por enseñarme que existe el amor.
Yo me pasaría la vida iluminando tus días y si mi forma de hacerlo es aceptar tu partida te regalo mi luz con esta despedida.

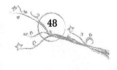

En la lejanía

La eternidad en un instante bastó para no olvidarme del recuerdo que plasmó tu calor.
La eternidad suspiró, me hizo rozar lo etéreo de su pasión.
En la distancia se perdió, la eternidad no ha vuelto, se olvidó de mi voz.

La luna en la distancia empapó aquel indicio de amor.
La noche envuelta en nostalgia anunció, el olvido acudirá si el presente se deja de valorar.
La dicha estéril se escondió, atrás del pasado, el lugar que escogió.
Sentimiento imperecedero inundó mi razón... aún espero por la ilusión que me concedió el instante que tus ojos brindó.
Mi alma emana lo que mis palabras cantan.
Hoy le escribo al viento, a la distancia, al destino y por supuesto al olvido.

Hoy pregunta mi alma cuál será el camino.
Lejos de tu piel, mis sueños aún te ven.
Lejos de tu ser, mis sentidos te presienten como si fuera ayer.
Mi corazón quiere sentir la emoción de estar con quien lo hace latir. Veo la luna y quisiera la ocasión de entregarte esta sensación.

Sin distancia, sin discreción, hacerte volar por la habitación.
Sin poderte ver, espero volverte a tener para en la eternidad poder ceder junto a tu ser.

Atravesando la distancia

Atravesando la distancia, durmiendo en tu recuerdo.
Te obtengo entre mis sueños, sonrío si despierto.

La distancia no es castigo, te aprendí a amar aunque tu cuerpo no puedo tocar.
Te aprendí a amar aunque tu sonrisa no puedo observar.
La imposibilidad del amor se esfumó.
Te amo aunque no estés, sigues siendo el motor de mi ser.
La intermitencia del amor no se presentó.

Te amo constantemente, te amo aunque no estés presente.
Te extraño entre lo etéreo, eres la razón por la que creo en lo eterno.

El eternamente entre tu piel hallé, de tu vientre la posibilidad de entender que
la vida es una razón más para ayudar al alma a crecer.

Vuelves en sueños

Desprenderse... Caminar y perderse.
De repente, procurar esconderse.

Lamentarse por solo en sueños poder verse.
Despertarse y por todos lados tratar de encontrarse.
Los rastros de tu piel siguen ahí, la ilusión de su alma se quedó en lo onírico que los unió.
Una fantasía que quieres en la realidad.
Buscando su huella por la ciudad.

Algún indicio que te haga pensar:
Quizás estará envuelta en las rosas.
Quizás estará envuelta en el cielo.
Quizás la cubre su risa.
Quizás la embriagan sus sueños.
Quizás la podrás tocar sin temor de perderla cuando salga el sol.

Te escondes entre sonrisas, la buscas entre lo incierto.
Los versos son el pañuelo.
La noche, tu peor desconsuelo.
Insomnio de la miel que emanaba su piel.
Insomnio de su alma.
Insomnio de la anhelada felicidad de no tener que soñar para poderla alcanzar. ¿Qué es la vida sino un sueño?
Soy el mejor soñador.
Cada noche reto a la imposibilidad para soñar con tu amor.
Tengo valor al despertar, levantarme y continuar aun sabiendo que tú no vas a estar.
Mis sueños me bastan, no pido más.
Cada noche te puedo volver a observar para idealizar mi verdadero significado de la inmortalidad.

Buscándote

Buscándote entre estrellas, encontrándote en cada una de ellas.
Buscándote en mis recuerdos, encontrándote entre mis sueños.
Buscándote en mis acciones, encontrándote entre ilusiones.

Buscándote en la lejanía de una estrella.
Encontrándote entre la luz de ella.

Buscándote en un intento fallido llamado olvido.
Encontrándote entre suspiros.
Buscándote entre la gente sin lograr poder verte.
Buscándote entre la ausencia,
encontrándote en mi existencia.

Buscándote en el amor, encontrándote dentro de mi corazón.
Buscándote en el universo, encontrándote entre mis versos.
Buscándote al observar, encontrándote al respirar.
Buscándote en la infinidad de lo nuestro, encontrándote en el enmascarado silencio.
Buscándote entre mi fe, encontrándote en la esperanza de volverte a ver.

Te volví a soñar

En mi ilusión no pude percibir que al pestañear te irías de mí.
En mi sueño no existía el tiempo...
El amor conducía el reloj y el silencio acompañaba la ausencia de tu voz.

Tu mano y mi mano, la más linda conexión.
La melodía del amor llenando de besos la habitación.
Un amor de otro tiempo.
Un abrazo que no caduca sino que se hace eterno.
Un adiós consumado,
un sueño que trae de legado;
el recuerdo de lo que no se ha olvidado,
el recuerdo de percibir lo que sentía al tenerte a mi lado.

Sobrepasando distancias en mi sueño te observé y tus ojos me miraban con fe.

Tu ausencia voló, el sueño te trajo a mi hoy.
Me acompaña el aroma que emana tu esencia.
Me acompaña la dulzura que arropa tu alma.
Me acompaña tu mirada en otras miradas.
Me acompaña tu bondad en mi inconsciente pero otro despertar llegó, ahora disfruto imaginar que tal vez en otro sueño vendrás, y con tu abrazo podré esperar hasta juntas volver a estar.

En cada vida buscarte

En cada vida te voy a buscar.
Si es un sueño, no quiero despertar.
Eres mi más bonita casualidad.
Eres la musa de mi inspiración.
Eres el ángel que cuida mi interior y me ayuda a ser mejor.

Hoy que no estás, tengo la certeza de saber que te volveré a abrazar.
He de esperar hasta poderte tocar.
He de esperar hasta la pureza de tus ojos poder observar.

El regalo más hermoso el destino me proporcionó.
Salir de tu vientre ha sido un honor.
Sin importar que en esta vida no podamos estar...
La eternidad fue el instante en el que te pude besar.
La eternidad fue ese momento en que tu ternura me pudiste brindar.
La eternidad fueron las noches donde tu presencia me podías dar y entre besos me cuidabas y me enseñabas a amar.
La eternidad fue la mejor lección que me pudiste otorgar y que trato de aplicar: Vivir sin sufrir, escoger sonreír, aprender a existir, conseguir la misión que vine a cumplir...
Comprender las almas.
Entender la esencia.
Vivir sin lastimar.
Existir sin juzgar.
Ser la mejor versión de mí.
No tratar de ser importante, tratar de ser útil.

Despertar cada día queriendo alcanzar todo lo que me hace feliz idealizar.
Gracias al destino por ponerme en tu camino.

Escarbando

Entre lamentos y olvidos sigues presente en mis latidos.
Escarbando en mis sentidos vuelves convirtiéndote en suspiros.
La inspiración consumida ha perdido su vida,
regresa en la mente de quienes luchan contra la muerte.
Musa volátil que vienes y vas,
a través del aire y al pestañear;
en mis recuerdos habitas,
en mis sueños estás.

¡Te encuentro al respirar pero no te quito tu rumbo al volar!
Me gustas en libertad, no te retengo para poderte amar

Gotas de amor

El tiempo no se detuvo, el reloj me señala que la vida continúa.

En unos cuantos meses sin ti, comprendí el valor de los instantes y la grandeza de las sonrisas. Comprendí que la vida está hecha de sueños... Siendo tú el sueño más hermoso que pude vivir.

En los pasillos de mi memoria conservo en cajas de cristal cada alegría, cada enseñanza, cada ilusión y las guardo en gotas de amor. No se rompen, prevalecen firmes a la distancia, son inmunes a tu ausencia, y te traen de vuelta con cada amanecer.

Cada noche viajo por las gotas de tu amor para adentrarme en la ilusión de los deseos más puros de mi corazón.

Cierro mis ojos y no hay espacio que le gane a dos almas que se sienten sin rozarse, se escuchan sin palabras, se ven sin siluetas y se aman ganándole al espacio, a los planos y a las posibilidades.

El tiempo es frío...

La tristeza llega...

Algunos sueños se rompen...

La nostalgia no es buena compañera. En esos días trato de fabricarte con la receta que aprendí durante mis días junto a ti y cuando tengo suerte te siento cerca pero cuando no, creo poesías siempre en tu honor que me ayudan a hacer drenar a un molesto corazón.

¿Quién dice que se puede querer por querer? se quiere cuando las acciones se alejan de las palabras, se impregnan en el alma y se convierten en recuerdos que jamás olvidarás.

El amor no se trata de estar o no estar; se trata de entender la simbología que representa para ti el otro ser y todo lo que por él estuvieras dispuesto a hacer.

Cada segundo depende del momento pero nunca cesan los pensamientos. En unos pocos minutos puedes pensar un millón de recuerdos.

El amor se centra en la recopilación de buenos momentos.

Lo que nunca se olvida es lo que de verdad se amó.

En cuestiones de amor siempre habrá un perdedor a menos que dos almas se junten y aunque se desprendan no se puedan olvidar y en el silencio se encuentren los pensamientos de esas dos almas que sin saberlo, están destinadas a volverse a juntar.

¡Aún esta noche sigo creyendo que algún día nos volveremos a encontrar!

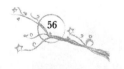

Me motiva el sonido de la esperanza
acompañado por un nuevo día para intentar.

Un mundo ideal

Un mundo donde la ropa no valga más que la esencia.
Un mundo donde el silencio se valore.
Un mundo donde la gente no pare de soñar.
Un mundo donde la vejez no sea sinónimo de dejadez.
Un mundo donde la ternura sea superior al despotismo.
Un mundo donde el arte le gane a la política.
Un mundo que valore la naturaleza.
Un mundo que sea feliz solo por existir.
Un mundo de bondad.
Un mundo sin odio.
Un mundo donde la gente entienda lo que es la paz y la practique como estrategia para alcanzar el sueño de salvar la humanidad.

El presente

¡El presente te regala otra ocasión! A pesar de lo ocurrido siempre habrá otra opción.
Pasar la página, decir adiós.

¡Dejar de correr! Tiempo de reconocer que cada momento es una oportunidad para aprender. No es tan difícil entender que despertar significa crecer.
El presente regala tiempo para amar.
El presente regala tiempo para perdonar.
El presente regala tiempo para fallar.
El presente regala tiempo para evolucionar.
El presente solo espera que lo logren valorar.

¡Que no pierdan los segundos!
¡Que no se queden atrás!
¡Que no se aten al pasado que ya no está!

El presente solamente quiere que puedan disfrutar las sorpresas que regala y a veces dejan pasar.
No corras por lo que aún no está pues cuando lo obtengas será presente y querrás algo más.
¡Detente! Sonríele al presente.
No te quedes en lo ausente.

A veces

A veces esperamos una acción que seríamos incapaces de realizar.
A veces esperamos un amor que no estaríamos dispuestos a dar.
A veces esperamos una mirada cuando no sabemos observar.

Tan sencillo como dejar de esperar y empezar a accionar.
Escuchar el lenguaje mudo del corazón.
¡Cerrar los ojos y seguir la intuición!
Robar un beso, buscar a la persona con la quieres estar.

No dejar ir a tu musa sin antes decirle el verso que te inspiró.
No perder la inocencia por una decepción.
No dejar de luchar por tu sueño porque te dijeron que no.
No esperar de los demás y empezar a dar.
No aparentar la energía, construirla.
No aparentar conocerte, sumergirte dentro de ti.
No imitar la perfección, sonreírle a cada error y mejorar con cada desilusión.

No esperes la oportunidad... ¡Búscala!
No huyas del silencio, aprende de él.
No te escondas en las mentiras, afronta la verdad.
No te quedes viviendo en un tal vez.
No abraces la posibilidad de un "Llamará".
El tiempo barre el amor y deja de polvo al olvido.
El tiempo es ahora.
La eternidad es este instante en el que me lees y estás a punto de accionar pero te arrepientes y decides que fue casualidad.

El tiempo del amor es hoy.
Las energías cantan su canción.
Tiempo para el perdón.
Pero si dices que no... ¡No te quejes de lo que nunca llegó!

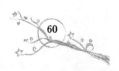

Tu sonrisa es la solución

Tu sonrisa es el resultado a la multiplicación.
En tus ojos vive el amor.
En tu corazón la desilusión.
La felicidad la obtienes si decides comenzar.

Eres tan perfecto que si te lo propones puedes sanar.
Iniciar un viaje sin pensar en llegar sino en disfrutar.

Las estrellas tocar, los ojos cerrar y empezar a soñar.
Hora de formular un objetivo para alcanzar.
Lo que quieras puedes lograr, lo que imagines tendrás.

La tristeza irradia en tu energía, pero yo veo luz.
Tu esencia está ahí, debes empezarla a sentir.
Despertar y navegar... No quedarte en alta mar por temor a lo que hay más allá.

Te quiero confesar... Yo sé que podrás.
Tu alma revela lo que tu cuerpo esconde.
¡Olvidar el miedo y empezar de nuevo!
¡Olvidar el dolo y resucitar el amor!
¡Olvidar la decepción!
¡Conquistar el silencio, regalar palabras al viento!
¡Empezar a creer! Eres lo más hermoso que he podido ver.

Empiézate a querer, no necesitas tener alguien o algo para poder prender la
luz interna que tu alma quiere encender.
¡Sonríe por conocer! ¡Sonríe por ser! ¡Sonríe por tener otra ocasión para crecer!

No digas adiós

No digas adiós si no estás seguro de haber dejado de amar.
Pero tampoco te quedes si vas a lastimar.

No digas adiós si con ella vas a soñar y sabes será tu amor por la perpetuidad.
No te quedes si solo estarás para hacerla llorar.

No digas adiós si es quien te hace suspirar.
No te quedes si serás tú quien la hará sentir mal.

No te quedes para ofender.
No te quedes para juzgar.
No te quedes si lo que das no es para sembrar paz.
No te despidas si querrás regresar.
No te alejes si puedes volver a empezar.
Pero no te quedes si la inseguridad y tus dudas la van a dañar.

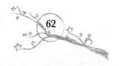

Polvo de estrella

La belleza de la vida se pierde cuando creces y decides asesinar la inocencia.
Cuando te lastiman.
Cuando conoces el sufrimiento.
Cuando debes desprenderte de lo que amas para evolucionar.
Cuando tus preocupaciones se adueñan de tus pasiones.

Observa las estrellas.
Contempla el universo.
Siéntete feliz por ser parte de algo tan inmenso.
Crea tu objetivo, persigue tus sueños, deja tu huella.
¡Al final te convertirás en polvo de estrella!

En mi mayor momento de sufrimiento valoré existir, fue cuando me di cuenta de la hermosura de la vida y de vivir.

¡Dejar ir y tener el valor de recibir!
Decir adiós y dar la bienvenida entregando tu amor.
Pararte y correr aun cuando tus piernas estén cansadas de tanto caer.

Valorar tu ser.
Despertar queriendo observar.
Despertar buscando una razón para volver a intentar.

Risa y apatía

Mi mente volando avivadamente.
Experiencias que ocurren de repente.
Momentos, situaciones, conclusiones y un montón de emociones.

No sé cuándo acabará.
Aprendo al caminar sin pensar en lo que vendrá.
No me quedo en el ayer.
Vivo como si fuera la última vez.

Las personas y sus preocupaciones,
las personas y sus presiones.
Muchas vidas en un mismo lugar.
Muchas almas queriendo volar.

Distintas costumbres, una misma ilusión: que el amor conquiste cualquier corazón.
Siempre algo te robará la atención y una sonrisa percibirás en su honor.
Infinitas razones para ser feliz, nos cuesta percibir que si empezamos a sentir - las dificultades-, serán fáciles de combatir.
Un mundo repleto de risas y apatía.
Conozco mientras aprendo a vivir, me enamoro de la gente, me enamoro del amor.
Confío en que el odio no ganará hoy. Confío en que la bondad saldrá a relucir y la maldad se quedará en un segundo lugar para aquellos que les cuesta evolucionar pero que lo han de lograr.

¡Tiempo de amar! ¡Tiempo de paz!
Tiempo para encontrar una razón que te motive a alcanzar aquellos sueños que podrás conquistar.
Me enamoro cada día de la vida, me enamoro de ti, me enamoro del desconocido/a que escogió vivir siendo feliz.
Me enamoro de aquella alma que me vio y sonrió.
Me enamoró la voz que amablemente me habló.

¡Aportar al mundo! ¡Regalar tu amor! ¡Tu energía como fuerza de vida! Disfrutando al respirar, escogiendo observar, somos los dueños de nuestra felicidad...nadie nos la podrá arrebatar.

¡Hoy ofrezco sueños para reír y vivo de la maravillosa utopía de ser feliz!

Caracas

¡La ciudad se viste de ilusión!
El amor quiere contagiar tu corazón de la más pura sensación.
Las letras que provienen de la inspiración pueden hacerte sonreír en cualquier situación.
El odio que proviene de la desilusión puede sanar con amor.
La separación en una nación la puede cambiar el perdón.
Abrir el entendimiento puede servir para unir.
¡Escoge vivir sin excluir!
No escojas juzgar y existir mirando desde arriba a la persona con la que podrías coexistir.
La ciudad te regala versos, la ciudad te regala besos.
La ciudad te invita a revivir todos los valores que dejaste morir.

Caracas te regala amor sin importar tu religión.
Caracas te regala destellos de emoción sin importar cuál sea la postura política que lidera tu pasión.
Caracas te quiere por igual sin importar tus preferencias sexuales, tus diferencias raciales o tus condiciones sociales.

Caracas te regala poesía para despertar los sueños que decidiste dejar atrás.
Caracas te quiere aunque no duermas en su ciudad. Caracas cree en la igualdad.

Caracas no quiere separar.
Caracas busca resaltar que pobres o ricos pueden escoger brillar si eligen el amor como religión y le dan al odio el adiós.

Caracas te otorga un abrazo sin condición.
Caracas te regala amaneceres repletos de buena intención.
Caracas te invita a soñar y a no descansar hasta tus sueños poder alcanzar.

Caracas sonríe por ti, y te regala un motivo para vivir. ¡El amor como motor y la esperanza como conductor!

El amor habita en ti

No te enamoras del amor, vives de él.

¡Lo sientes!

No esperas la llegada de alguien para ser feliz, eres feliz porque existes; eres feliz porque puedes observar, sentir, pensar y escuchar.

Eres feliz porque encuentras razones en el viento para sonreír. No trates de hallar al amor sin poder discernir entre amar de verdad o querer a alguien que te pueda acompañar.

¡No busques sin sentir! ¡No anheles lo que no estás preparado para vivir! El amor viene a ti cuando decides ser feliz. Cuando decides comprender que para amar no es necesario estar en una relación, que existen muchas clases de amor.

No lo tomes como adicción... Disfruta las maravillas de tu interior. Y cuando ames a alguien jamás olvides la pasión.

Sin traición, sin desilusión, un amor con comprensión, sin ganas de discusión. Sin ganas de probar el mal sabor proveniente de la decepción.

No siempre tiene que haber un mejor jugador. Hay que jugar al amor para ganarle a la tentación y al olvido que siempre quiere la razón.

Debes ser lo que quieres buscar.

Cambia para mejorar y de repente atraerás a la persona con la que disfrutas imaginar.

Deja de soñar que alguien a tu lado acabará con la soledad.

La soledad es un estado de plenitud.

La soledad es conversar con tu alma.

La soledad es crecimiento personal.

La tristeza jamás será sinónimo de soledad.

El amor jamás será sinónimo de compañía.

Amar de verdad requiere libertad.

Ama cuando no tengas necesidad de dudar.

Ama cuando no sea por huir de ti.

Ama cuando sea para sumarle a alguien y no para complementarte.

Amar por miedo a la soledad será una soledad compartida. Llena de sombras y de carencias. Llena de dependencia y vacía de la pureza del verdadero amor.

Aprende a amarte y no tendrás que buscar el amor.

¡Vivirá dentro de ti!

Soñador

Vamos querido soñador, con tus sueños animas cualquier corazón.
No pares de crear, nos dejarías sin tu arte, para admirar.
Vamos querido soñador, que no te detengan los no.
El mundo con tus sueños podrás cambiar mientras confíes y no te dejes frenar.

Si deseas brillar,
muchas almas podrías avivar.
Con tu arte logras inspirar.
Me gusta confiar... poco a poco tu también lo harás.
Creo en ti porque veo más allá.
Creo en ti porque tienes el material para despertar almas dormidas que no encuentran un lugar que habitar.

El equipo perfecto, la perfecta situación.
Conocerte para juntos comenzar.
Conocerte para canalizar todo el odio reflejado y convertirlo en ganas de amar.
Vamos querido soñador aunque tus sueños no puedas tocar...
¡Los lograrás alcanzar si no dejas de intentar!

Querido soñador eres tú en su máximo esplendor...
La pintura es poesía sin ganas de hablar y con muchas cosas qué expresar a la humanidad.
¡Un mundo de color contigo construir! La poesía como testigo y cómplice del destino para poder cambiar este lugar entregándole muchísima más honestidad.

Se trata

No se trata de exigir, se trata de dar.
No se trata de criticar, se trata de entender.
No se trata de imponer, se trata de acceder.
No se trata de ver los errores, se trata de recordar las virtudes.

La cuestión es tan simple que pasa desapercibida.
Se trata de ver atrás, atrás de las acciones, atrás de los errores.
A veces de cerca perdemos detalles que solo son comprendidos si vemos más...
Más allá del tiempo, de los hechos, de los silencios, de las palabras, de las acciones.

Ver las señales, las enseñanzas. Ir en un viaje por los recuerdos. Y si aún así...
no es suficiente. No se trata de cambiar ni ser cambiado.
Se trata de decir adiós antes de perder la esencia por imposición.

Gobierno de poetas

Un mundo gobernado con inspiración; la esperanza perfecta de mi corazón.
Un mundo gobernado con ilusión alejado por completo de la manipulación.
Un mundo gobernado sin caer en tentación; sin traición, con muchísima fascinación.
Un mundo gobernado sin lamentación, de cada derrota aprender y con el fracaso jamás ceder.

Un mundo que se levanta del error.
Un mundo gobernado con sensibilidad.
Un mundo donde se busca ayudar y no hay excusa para aceptar la falta de bondad.
Un mundo gobernado por gente que ama lo que hace.
Un mundo donde estudiar no es solo para una parte social.

Un mundo gobernado con pasión donde se persigue lograr que cada individuo pueda encontrar todo lo que –en su vida– quiere alcanzar.

Un mundo liderado por el amor.
Mi mayor idealización.

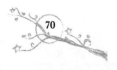

¿Dónde están?

¿Dónde están los que tienen el poder de solucionar y prefieren vivir entre extrema desigualdad?

"Algunos trabajan más" son las palabras que escucho cuando se toca un tema social...

Nadie escoge el lugar donde le tocó nacer.

La pobreza arrebata vidas mientras los lujos disfrazan el amor.

Millones de personas ahogadas en el mar del hambre.

Millones de personas nadando en el mar de lo ostentoso...

¿Dónde está la humanidad?

¿Se perdieron en los lujos?

¿Ya no están más?

¿Dónde está la raza capaz de amar?

¿Cómo no ha podido su propio mundo cambiar?

¿Cuándo dejaron de actuar?

¿En qué momento decidieron solo observar como si no fueran parte de este lugar?

¿Desde cuándo las personas pararon de ayudar?

La política y la sociedad prefirieron quedarse a criticar.

Líderes con imposiciones y no pueden sanar todo el dolor que almas sienten sin poder protestar.

Sin un techo donde reposar, sin un lugar al cual llamarle hogar.

¿Tanta publicidad?

Tantas empresas pagando para ganar.

Necesitamos más noticias sobre la realidad.

Convertir nuestros problemas en algo comercial a ver si despertamos y los logramos solventar.

Su techo, las estrellas.

Su comida, entre la ausencia.

Y aún te quejas por la frivolidad de no saber valorar.

Yo quiero un mundo donde la religión sea no poder existir mientras otros sufran por no poder vivir...

Un mundo donde la religión, la política y el poder se unan para crear grandes cosas, para salvar vidas, para implantar sueños.

Un mundo donde no existan fronteras.

Un mundo donde todos tengan la oportunidad de hacer lo que aman está destinado al éxito.

¡Despierta mundo! ¡Despierta humanidad!

No te conformes con tanta maldad...

Cada persona puede ayudar.

Cada persona puede hacer más.

¡Inténtalo! ¡Momento de actuar!

Aprovecha la oportunidad

¿De qué sirve esperar? Aprovecha la oportunidad.

¿De qué sirve sentarte a idealizar si no podrás tratar de apostar por lo que quieres hallar? ¿De qué sirve soñar si no tienes el valor para tus sueños buscar?

La vida no sabes cuándo se irá, es mejor disfrutar el placer de estar. Cada instante viene cargado de aprendizaje, cada segundo es una posibilidad.

Imagina que hay algo más, imagina que para cumplir una misión estás aquí hoy.

Sigue a tu razón sin olvidar el leguaje de los latidos de tu corazón.

No vivas de la lamentación, aprende que la superación es la mejor elección.

No vivas de las lágrimas, recíbelas y despáchalas sin dolor.

Cada sensación te hará ser mejor, escoge sentir y no guardar tus sentimientos para no sufrir. Ve más allá... Si quieres algo confía y actúa ¡Lo lograrás!

Si quieres algo... Ten la fuerza para no dejar de probar.

En alguna equivocación lograrás observar para próximamente poder acertar.

No te quedes mirando, tienes la capacidad, todo lo que desees te podrá pasar.

El mundo te otorga razones para la tristeza y razones para la felicidad...

¡Eres quien decide con cuál te quedarás!

No importa lo que ocurrió, escoge lo que quieres ser.

Si el ayer te despidió con rencor, tu presente puede ser el sinónimo del amor.

¡Los sueños del futuro no te deben asustar! Cada huella que das, forjará el lugar al que has de llegar. ¿Qué hay más allá del sol? ¿Qué hay más allá de la luna? ¿Qué hay más allá de los astros? ¿Qué hay más allá del caparazón que cubre tu luz interior? Creo en el alma humana y en la incertidumbre de no saber qué hay más allá y sin embargo sonreír por ser parte de este maravilloso paraíso terrenal.

Una línea transparente nos une aunque las fronteras y el lenguaje nos busquen separar. Creo que cada ser humano puede brillar y si concentra su energía, podría volar para a través de sus acciones el mundo cambiar.

Quiero que podamos juntos existir sin olvidar nuestras vidas, poder coexistir, y darnos razones para reír sin necesidad de mentir ni mucho menos de herir.

Las fronteras solo sirven para separar

No estés atento a los "NO", que la negativa no capte tu atención.
En cualquier parte, en cualquier lugar.
El momento es preciso, el segundo se va, no te detengas si te dicen que jamás lo lograrás.

¡No dejes de intentar!
Tu acción puede ser el elemento que necesitamos para resolver la ecuación.
Más amor y un poco de pasión. ¡Que nadie se rinda! ¡Que todos tengan valor!
Me dicen que no puedo cambiar las cosas en este lugar...
Tantas interrogantes y no paro de probar...

Me gusta imaginar que las acciones de mi hoy formarán parte del futuro de alguien más y servirán para ayudar.

No te dejes engañar.
Las fronteras solo sirven para separar.
No te dejes engañar...
Ninguna religión debería juzgar.

¿El bien y el mal? Cada ser humano debería pensar en cómo convivir sin dañar.
Veo las estrellas y digo ¿por qué no?
Veo el cielo y no creo en los límites que nos imponen para controlar.
Veo el amanecer y una pregunta toma lugar.
Aun sin la respuesta puedo suspirar.

No es lo mismo habitar en un lugar sin saber, que concientizar la hermosura de nuestro hogar para poderlo cuidar.
Tantas preguntas cargadas de publicidad... ¡No te confundas!

El amor lo puede lograr.
¡No te engañes más!
Tu alma tiene las respuestas...

¿Ignorancia o libertad?
Mucho más de lo que podemos ver.
Mucho más de lo que podemos entender.
Abrir la mente, expandir el ser.
Vivir el instante, despedir el ayer.

Tiempo de creer...
¡No todo lo podemos conocer!
Tiempo de comprender que depende de nosotros poder crecer.

¡Tiempo de sanar nuestro hogar! ¡Tiempo de pensar!
Sin manipulación, sin impulso, sin tentación.

¡La tierra necesita apoyo!
La humanidad necesita sueños.
La madre naturaleza necesita de sus hijos.
Y yo necesito hacerte creer que puedes tener el poder de cambiar el mundo si
realmente te importa más querer que tener.
¡Despréndete de todo menos de tu alma!
Podemos vencer la maldad con luz.
¿Me ayudarás?

Ausencia del amor

No dejes de vivir la vida por vivir del dolor que te causa la ausencia del amor.

No dejes de soñar ni de valorar respirar. El amor se encuentra en los árboles,
se encuentra en las nubes, habita en los pájaros, se centra en la amistad y se
esconde entre las almas de los familiares que te acompañan en tu paseo por
este lugar.

El amor se encuentra en tu interior.

No dejes que la vida te viva.

Empieza a existir, sonríe y decide ser feliz.

Del amor al odio

¡Muy mala alternativa!
¡Minimizar lo que en su momento te causó alegría nunca será la salida!
Memorias imborrables que ni el olvido apagaría. No odies lo que quisiste, acepta la partida como indicio de una nueva bienvenida.

Aprendizaje adquirido, abrazos sentidos, besos compartidos.
Emociones que despertaron un corazón dormido.
Acudir al odio no tiene sentido cuando lo vivido fue causante de suspiros.

Del amor al olvido...
El camino fácil para ignorar la hermosura que experimentó tu corazón.
Recordar con una sonrisa es la mejor solución para desprenderse sin matar la ilusión.
La valentía habita en los recuerdos.
La cobardía huyendo de la nostalgia, se esconde en el olvido.

¿Olvidar para no sufrir por recordar? Escoge comprender que una etapa culminó pero te llenó de apoyo y te enseñó que a veces los "para siempre" pueden durar un breve instante y la eternidad depende de lo que experimentaste.
Escoge no ofender porque esa persona no sea quien hoy roce tu piel.
Escoge no dañar ni mucho menos hablar mal de esa alma a quien prometiste cuidar.
No puedes odiar a quien te acompañaba al despertar y con un beso trataba de curar todo aquello que te causó algún mal.
Quédate en el amor, ten la madurez para entender que aunque en tu presente no esté, formó parte de tu ayer.

¡Odiar lo que alguna vez amaste no es la salida! Experiencias compartidas, memorias sumergidas entre nostalgia y apatía.
El amor no puede caducar.

El sentimiento que permite permanecer se puede retirar, pero lo compartido debe valer más para inmortalizar el ser cuyas huellas caminaron a tu lado y te ayudaron a crecer.

No puedes odiar al pájaro que te prestó sus alas cuando no podías volar.

No puedes odiar a quien te prestó sus ojos cuando no podías observar.

No puedes odiar a quien te prestó su amor cuando tu alma se cansó de querer.

Si esa persona te ofendió, escoge el perdón.

Los momentos vividos valen más que el odio sin motivo.

Si no te respetó, muéstrale tu respeto ofreciéndole la inmortalidad de tu amor aunque ya no camine a tu lado por los caminos que te otorga el "HOY".

¡No escojas odiar! Aleja la apatía de apartar los bellos recuerdos que podrías conservar.

Y si algún día estás triste, ve al baúl de lo perdido y conseguirás una razón para sonreír por lo vivido.

¿Del odio al amor? Equívoca "solución".

Prefiero del amor al amor.

¡En los recuerdos la madurez de aprender a querer sin necesidad de poseer!

Mujer

La más bella flor debe escoger el sol sin alejarse del agua porque moriría en el calor.

Mujer... Capaz de dar vida a un ser que desde antes de nacer ya empezaba a querer. Y hasta que muera jamás lo va a dejar de proteger.

Mujer, no te dejes convencer...
¡Ningún hombre es dueño de tu piel!
¡No aceptes un amor con maltrato!
No confundas amor con dependencia.
Sola también puedes brillar.
Sola puedes alcanzar los sueños que te reprimen y no puedes observar.

Cree en ti... El mundo podrás cambiar.
Cree en ti y tu mundo será un lugar de paz.
Mujer... Eres inteligencia, belleza y amor.
No juegues un papel, la feminidad no es sinónimo de debilidad.
La feminidad jamás te pondrá en segundo lugar.

Mujer... Ámate cada día más, no aceptes menos de lo que das.
No te dejes menospreciar, el amor con violencia no es amor, es un simulacro para disimular las carencias internas que reflejamos en alguien más.

No te quedes con quien minimiza tu ser.
Recuerda: El respeto es la base de la verdadera felicidad.
Si algo falla tendrás la capacidad para decidir parar y salir del problema que te embriagaba sin control y al que no le encontrabas solución.
Cuando te ames podrás amar...
Cuando te ames nadie te podrá faltar.
Serás la dueña de tu integridad y nadie te la podrá arrebatar.

Mujer... este consejo es para ti.
Eres hermosa solo por existir.
Que nadie robe tu razón de vivir.
Hoy es un buen día para despedir lo que te hace sufrir.

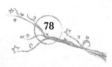

Sobre el amor y el tiempo

¡Escoge disfrutar de los momentos!
Escondido en los instantes se encuentra el amor.

No se puede predecir el futuro, no se podrá cambiar el pasado.
¡El presente te pertenece! Construye momentos que te den felicidad sin pensar en el mañana.
Las flechas de Cupido varían. ¡No te debes confundir!
Cupido no siempre lanza flechas de eternidad.
Cupido no siempre lanza flechas de estabilidad.

Hay amores breves que se recuerdan más que toda una vida entre costumbre compartiendo el alma con quien decidiste estar.
¡No intentes definir el amor! ¡No le pongas nombre a la situación!
Si es amor lo sabrás... por ahora escoge disfrutar.

Valora el instante antes de que se convierta en recuerdo.
¡Deja de pensar!

Cupido dice que es mejor intentar porque aunque se termine, ese pequeño instante puede ser inmortal. Quizás es la historia que recordarás más, aunque se caracterice por su brevedad.

¡En lo fugaz la belleza de lo incierto hallarás!
¡En un suspiro recordarás ese instante de perfección que jamás se irá!
El amor como toda ilusión será causante de momentos de fascinación pero también de dolor. El amor no se debe suplicar, cuando viene hay que saberlo disfrutar y cuando se va hay que saberlo dejar atrás.
Rogar amor siempre será un error, es asesinar el amor que sientes por ti para suplicar por el amor de alguien más que no se lo merece ni se lo merecerá.
Cuando te empiezas a amar es más sencillo entregar sin esperar nada a cambio porque tu amor te basta para sanar.
Tu amor te basta para crecer y sobre todo para creer que aún en estos tiempos se puede querer.

Construye tu presente, conócete, concéntrate en lo que amas, y con el tiempo sabrás que lo pasado tuvo que suceder para ayudarte a ver.

¡Conviértete en dueño de tu ser!

El amor vendrá cuando lo dejes de buscar.

El amor vendrá cuando dejes de forzar a quien no tiene ganas de amar.

¡El amor es libre! ¡El amor quiere volar! ¡No retengas las alas que un día quisiste cuidar!

El amor sin libertad será la complejidad de ponerle un nombre errado a la costumbre y estabilidad que los amantes escogen como lugar para morar.

¡Los sentimientos y la razón!

No mueras de amor, vive de él.

Necesitas hacer un trato entre tus sentimientos y tu razón.

No te quedes con lo que te mata desde adentro por hacerle caso solo a tu corazón.

El amor, como toda flor, muere si se riega con lágrimas de traición.

Lo que te hizo mal déjalo atrás... si viene envuelto en nostalgia usa tu inteligencia: Escribe todas esas desgracias. Describe todas sus faltas; entenderás que donde no puedes ser feliz amando no es un buen lugar para hospedar.

¡Paciencia! Cupido atinará. Con una flecha comprenderás que valió la pena esperar y no alojarte en los brazos de quien te causó mal por miedo a la soledad.

¡No mires atrás! ¡El amanecer te recibirá!

¡Enamórate de la vida! ¡Enamórate de las almas! Enamórate de ti mismo hasta que sea tu turno de amar. Espera con paciencia. ¡Pronto llegará! Cupido está esperando que aprendas de la soledad para que cuando llegue la ocasión no lo vayas a arruinar quedándote con el equivocado por estabilidad.

¡Espera un poco más! Si la desilusión no se quiere marchar de tu relación... Será tu momento de ser valiente y decir adiós.

Recuerda: Amor no es sinónimo de sufrimiento. Escoge conocer el verdadero amor, ese que no te rompe con la tijera de la ingratitud.

Escoge conocer el amor capaz de hacerte volar y no cortarte las alas para atarte a su realidad aunque esté carente de sensibilidad y repleta de desprecio vestido de inseguridad.

¡Escoge amarte a ti! ¡Escoge no vivir de resistir!

Es muy bonito existir para regalar tu tiempo a quien no quiere hacerte feliz.

Esfuérzate

Hagas lo que hagas hazlo con pasión.
Si te habías quedado estancado en algún lugar sin ánimos de trepar, es el momento para empezar.
Tiempo de llorar si la tristeza no te deja avanzar.
Tiempo de ser fuerte y levantarte aun sin querer caminar.

¡Esfuérzate en descubrir qué tienes dentro de ti!
¡Esfuérzate por descubrir qué misión viniste a cumplir!
¡Valdrá la pena llegar a donde siempre quisiste estar!

Tiempo de escuchar...
Los árboles quieren hablar,
escúchalos sin protestar, lo que te digan, te ayudará a avanzar.

Querido mes

Gracias, querido mes.
Gracias por regalarme el presente,
estoy preparada para sorprenderte.
Te regalo una sonrisa y toda la energía positiva existente.
Sé que te irás de repente, y quiero disfrutarte antes de que estés ausente.

Hasta luego

A veces es necesario ser valientes para decir adiós.
Entendiendo que vendrá el momento de la bienvenida.
No lo veas como una despedida, es un hasta luego. Hasta que el momento del reencuentro se haga notar. Cuando las almas están conectadas no hay cuerpos, planos, ni distancia que pueda separar.
Ella ya no habita en su cuerpo, pero habita en tu corazón.
Su alma vuela libre. Está contigo y aunque no la puedas apreciar, si cierras los ojos la podrás divisar. ¡Inténtalo! Concéntrate y viaja por los recuerdos.
¡Las memorias son inmortales cuando son reales! Lo que de verdad se ama es imposible de olvidar o borrar.

Concéntrate y observarás su mirada.
Concéntrate y sabrás que su alma vuela en un horizonte sin maldad. El lugar donde se encuentra, se aleja del dolor... es un lugar de calidez y desearía que lo supieras para que no pienses que su ausencia es sinónimo de inexistencia.
¡Ella existe! Y te ama aunque no pueda secar tus lágrimas.
Aprovecha los sueños, en ellos podrás tenerla.

Escoge vivir del lazo irrompible que conecta ambas almas y podrás reincidir en la misma conclusión: la gente solo muere con el olvido, mientras la mantengas contigo vivirá eternamente hasta su próximo encuentro.
¡Vive tu vida plenamente! Trabaja para agotar la maldad a través del amor y lo lograrás... ¡En algún momento de su mano volarás!

Déjame mostrarte

Déjame mostrarte que el amor no es un contrato.
Déjame mostrarte que en libertad se puede amar.

Déjame mostrarte que fidelidad no es igual que lealtad; que las ganas matan la tentación cuando vienen de los labios que te animan a escribir sobre el amor.

Déjame mostrarte que no quiero nadar en otro mar que no sea el de tu mirar.
No quiero besar si no son tus labios quienes me incitan a pecar.
Seré tu brillo cuando tu luz se apague.
Te enseñaré a volar cuando cansada de caminar no quieras andar.
Encontraré razones para hacerte sonreír cuando las lágrimas invadan tu rostro y no quieras seguir.
Estaré para ti cuando quieras llorar y cuando quieras reír.
Estaré para ti hasta cuando te alejes de mí.
Estaré perdida en una estrella y te observaré a través de ella.
De energía positiva te llenaré y en un suspiro me podrás ver.

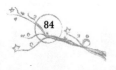

No mueras de amor, vive de él

No mueras del silencio, entiende el lenguaje mudo de las palabras.
No temas de la ausencia, valora la presencia.
No seas preso de tu realidad.
Muchas veces querer siempre ganar es ignorancia disfrazada de verdad.

No olvides tu familia, tomamos por común lo que sabemos estará para apoyarnos, para brindarnos paz. No sabemos cuándo se marcharán, si hoy estás triste sonríe por tu techo y agradece a tu mamá.
No dejes de buscar porque lo que encuentras no te logra llenar. Busca más, del cansancio saldrá una razón que te haga sentir que eres más que una sombra que se esconde en el olvido por miedo, depresión, o apatía –que es peor–.
Controla tu ego, te puede acosar hasta dejarte sin sinceridad.
No te escondas en el orgullo, es un escudo que te mata desde adentro.
No vivas de mentir, todos te pueden creer pero un día no te podrás ver. No serás el del espejo; no serás real. ¡Serás una creación más destinada a engañar!

No vivas del sufrimiento ajeno,
no sufras como costumbre para vivir.
Escoge ser feliz.
Nadie vendrá si un día decides no existir.

El reloj no parará si te decides rendir.
Eres la maldad y la bondad que está en ti.
Escoge cuál sentimiento cosechar.
¡Puedes ser el protagonista de tu verdad!

Aprendiendo a escuchar

Que tu presente tenga la inocencia de no actuar dejándote llevar por los beneficios que tu acción traerá. Desinteresadamente... ¡Sin esperar nada más!
Yo quiero vivir con la armonía de querer dejar un pedazo de mí en este lugar.
Me dicen que el mundo no se puede cambiar. Yo quiero demostrar que cada paso contribuye a lograr el imposible que nos implantaron para podernos controlar.
¿Por qué vivir en la maldad? La política y la sociedad nos ensucian cada día más. La religión sirve para ofender y controlar. No quiero generalizar... Digo lo que la historia y la actualidad se esfuerzan por recalcar y muchos deciden ignorar.

Somos seres imperfectos jugando a ser perfectos.
Aprende a escuchar... ¡Escúchate a ti mismo y te podrás encontrar! Aprende a observar... Mira más allá de tu ser, observa lo que tu razón te impide ver.
No importa recoger los frutos, la importancia se centra en sembrar.
Valora que los otros puedan disfrutar de la cosecha que vas a dejar.

¡Aprende a sentir! La vida te regala instantes para sonreír.
¡Aprende a percibir! Tus acciones, tus palabras, tu alrededor...
¡Todo junto hablará de tu interior!

Tiempo al corazón

Una vez que conoces la locura del amor sabes que a pesar del sufrimiento, vivir sin él no es el consuelo para apagar el miedo.
Tus sentimientos heridos te harán pensar que sentir es una mala decisión. ¡Déjalos fluir!

El tiempo sanará todo lo que te hirió.
Más adelante te darás cuenta que valió la pena el dolor.
Las decepciones del pasado son un aprendizaje, a veces no lo podemos ver.
Cuando se calmen podrás entender que valió la pena querer.

El tiempo del amor es perfecto.
Cada lección que tuviste te servirá para amar.
Hoy crees que no podrás pero una mañana de repente pasará.

No te cierres al quizás.
Vive tu hoy sin buscar... un día encontrarás un amor que te demostrará que siempre valdrá la pena intentar, una vez más.

La vida es ahora

La vida se encuentra aquí aunque sigas sin sentirla junto a ti.

La vida sonríe por ti, aunque no notes la risa que te anima a seguir.

La vida espera a que empieces a vivir mientras te preocupas por lo que te impide ser feliz.

La vida te regala un nuevo amanecer para que observes la magia y su poder.

La vida te dio la razón. Sin embargo, jamás quiso perdieras la ilusión.

Cada amanecer, cada estrella, cada árbol, el rumbo del viento, la indiferencia del tiempo.

Hay magia en cada respiro;

hay esperanza solo por estar vivo.

Hay armonía en nuestra compañía.

Todos juntos en este lugar.

Nadie sabe a dónde vamos;

nadie sabe qué esperar.

Somos magia y aún no queremos aceptar que sin nosotros no sería igual.

¡Qué bonita casualidad poder coincidir en este lugar!

Si te vas, nadie te detendrá.

Cada proceso va hacia un lugar.

Cada proceso tiene su tiempo para enseñar.

Hoy sonrío por despertar.

Mis sentidos me llevan hacia mi paz.

Tú, él, ella, ellos, todos, nadie.

Sin ti.

Contigo.

Almas que no creen en el destino y se amaban antes de haberse conocido.

Una misión y un adiós.

Cambiar el mundo y dejar de creer en el NO.

Un abrazo y la imaginación...

Nuestro encuentro se da HOY.

Así sea en la utopía que mi inconsciente creó.

Sonrío por existir todos juntos sin saber qué hacemos aquí.
Seguros de una misión.
Confusos de la labor.
Sonrío por ti.
¡Espero que nuestras almas evolucionen y podamos coincidir!

¡Todo en movimiento!

El ruido y curso del viento,
las voces y los silencios.
Los sentimientos y las promesas,
las rupturas y los amores,
los comienzos y los finales.

Las despedidas, las bienvenidas, los ciclos.
El océano y su resplandor.
Las estrellas y su brillo.
El cosmos y sus misterios.
La poesía y su sublime utopía.

La alegría y la incertidumbre,
 los pensamientos...
¡Todo en movimiento!
¡Cada cosa en su preciso momento!

Los inventos y la evolución.
Lo inconsciente y lo consciente.
La razón vs el instinto.
El arte y su curiosidad que inspira a crear.
¡Todas las voces! La música que invade la tierra y no se limita sino que se extiende.

Lo inolvidable peleando con el olvido.
Las guerras y el odio.
El amor ganando la batalla al desprecio.
La maldad perdiendo ante la bondad.

Las maravillas del alma humana.
Los árboles.
La luna.
El cielo y la incertidumbre vestida de la belleza que representa.
La religión.

La esperanza.
El mundo dividido por fronteras.
El dinero como principal fuente de vida de la raza humana.
La sociedad implantando sus normas.
Los bohemios riéndose de la vida y alegrándose de existir.

El universo quiere que prestemos atención a todo lo que ocurre a nuestro alrededor.
¡El universo quiere conciencia!
¡El universo quiere meditación!
¡El universo quiere que la felicidad no sea una opción sino una elección!

Creo

Las personas y las situaciones.
Los momentos y las traiciones.
Los procesos y las aceptaciones.
Los silencios y las culminaciones.

El amor y sus transiciones.
Las despedidas y las discusiones.
La mala interpretación de las razones.
Lo que esconden los perdones.

Los viejos amores y el adiós envuelto en la tentación.
Reincidir en lo que hace mal.
No dejar partir lo que no tiene sentido retener para herir.
Sufrir por problemas que te ayudarán a vivir.

¡Aprendizaje que utilizas para fluir!

Los procesos debes dejarlos ir.

Que no te duela seguir, y no mantenerte atado a lo que no te deja surgir.

El amor y su signo de interrogación.

La vida y la falta de respuestas, vivir con la duda forma parte de la certeza.

Si puedes pensar, puedes volar. Si tienes el valor de preguntar que hay más allá... Aun en el silencio valdrá la valentía de cuestionar mientras crees en el quizás.

Creo en el amor porque creo en la vida.

Creo en la vida porque creo en la humanidad.

Creo en la humanidad porque creo en las almas.

Creo en las almas porque creo en los sueños.

Creo en los sueños porque creo en la evolución.

Creo en la evolución porque creo que todos vinimos a cumplir una misión.

Creo en el sufrimiento porque creo en la felicidad.

Creo en la felicidad porque creo en la bondad y creo en la bondad porque creo en la maldad.

Creo en ti que me lees.

Creo en ti que puedes ver más allá de las líneas, sin importar quién soy, quizás puedas creer en lo que a través de silencios te dice mi voz.

Hoy me voy a soñar creyendo mientras espero que alguien me crea.

Creo que lo que te aflige debes dejarlo ir.

Cerrar el capítulo y proseguir.

Cerrar esa historia para próximamente otra poder abrir.

Si era lo que tenías qué experimentar para evolucionar, ¡no lo dudes! va a regresar y como si fuera magia no te querrás separar pero no trates de mantener a quien cerca de ti no quiere ser.

Tal vez

Y solo tal vez, te encontró para hacerte sentir el amor.

Tal vez... Su creación se basó en el instante en el que por fin tus labios besó.

Quizás te tenía que enseñar del amor pero lo confundiste con permanencia y estabilidad.

Con su partida te hirió, pero su misión no era perder su esencia para cuidar tu corazón. Su propósito fue hacerte sentir, hacerte creer y enseñarte a querer. Cuida tus alas... ¡El aprendizaje llegó!

Otro camino tomó, y aún piensas que fue una equivocación.

Tenías que probar de su mirada, tenías que embriagarte entre su aroma, tenías que perderte entre su piel... Tenías que amar sin miedo a perder. Tenías que saber que algunos instantes no caducan y que algunas almas no se olvidan aunque no se vuelvan a ver.

El físico atrae pero el interior es lo que olvidarás o por siempre conservarás como una prueba del más puro amor, el que no caduca con el adiós.

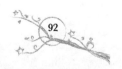

Sin temor

No dejes que el temor apague tu voz.
No dejes que la falta de valor se apodere de tu interior,
haciéndote dejar atrás lo que te causa ilusión.

¡Que tu miedo no sea mayor que tu pasión! Sigue fabricando sueños con constancia y dedicación.
Crea amor y el resultado será la fascinación de escuchar el sonido proveniente de la melodía del corazón.

Creo en el amor porque creo en la vida.
Creo en la vida porque creo en la humanidad.
Creo en la humanidad porque creo en las almas.

¡Fugaz!

Cierro mis ojos y no estás.
Entre lo efímero encontré mi paz.
¡Fugaz! Las estrellas se rieron...
Cerré los ojos... pedí el deseo que el universo me otorgó apenas te vi pero al pestañear ya no estabas aquí.
¡Fugaz!
Mi felicidad no se fue con tu adiós.
Mi felicidad te encontró.
Una sonrisa sucedió.
Entre tu ausencia mi deseo se cumplió.

¡Fugaz!
Tan velozmente; tan rápida, tan intermitente, tan de repente. Quedó latente tu dulzura, latente la ilusión. Latente la eternidad que el destino concedió, al mostrarme la canción que proviene de tu interior.
¡Fugaz! El universo observó, retenerte no forma parte del verso que el viento recitó.
El olvido se llenó de inspiración...
Se alejó mientras susurraba que no era la ocasión para matar este amor.

¡Fugaz! Tan diferente a lo normal.
Un sueño ideal, como vienes te vas, el segundo exacto que das, sirve para esperarte mil vidas más.

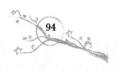

Verdadero amor

El amor llega cuando debe llegar.
El amor llega para demostrarte que valió la pena esperar.

Valió la pena no involucrarse con quien no debías amar.
El amor de verdad es el que te ayuda a mejorar.
El amor de verdad es el que no te quita la paz.

Sin inseguridad, sin ego, sin traición.
No hay tentación que valga cuando hallaste a tu amor.
No hay orgullo pertinente cuando quieres estar.
No hay silencios incómodos cuando sabes amar.
Es valioso esperar por esa mitad con la que saborees la eternidad.
Es valioso intentar si descubriste con quién quieres volar.

Sin pasado y sin futuro.
Ambos viven del hoy.
Construyen su presente en base a su ilusión.
Los frutos son perfectos cuando la cosecha proviene del amor. Aguarda en soledad y llegará… ¡Alguien te espera en algún lugar!
Alguien visitará tus sueños por casualidad.
Alguien te piensa antes de irse a acostar.
Sin nombre y sin dirección, dos almas destinadas esperan la ocasión pero no pasará hasta que llegue el momento en que ambos estén preparados para la explosión que conlleva el verdadero amor.

Palabras del silencio

Soñamos con el amor pero no sabemos amar.

Juzgamos la soledad pero no le damos oportunidad de llegar por un rato, de hacernos encontrar con nuestra interna paz. De abrirnos las puertas a las respuestas que en compañía, no llegarán.

Juzgamos nuestros errores; huimos de nuestros miedos. Escapamos de nosotros cuando estamos por estar. Cuando nos escondemos en brazos que no nos abrigan ni nos abrigarán.

Fallar forma parte de ganar; entender forma parte de crecer; creer forma parte de ver; sentir forma parte de existir; existir forma parte de ser feliz.

Soñamos con el amor pero no sabemos amar,

queremos recibir pero no encontramos dar.

Tardamos demasiado en descifrar que ciertas miradas te incitan a volverlo a intentar. Que ciertas manos si saben hacerte volar con solo tocar.

Si tú, quien me lees... Aún no sabes dónde estás. No encuentras el futuro, y el pasado siempre te hace regresar. ¡Aguarda cuando quieras correr! ¡Cierra tus ojos y aprende a ver! Calla el ruido externo, escucha tu voz, comprende que no hay ningún error.

Levántate de tus cenizas... Toma tus lágrimas... Enciende tu alma. Sigue los indicios de tu inconsciente, te llevarán a los sueños que quieres e ignoras. Que te hacen viajar a otros mundos que te inspiran a crear.

¡Atento a las casualidades! Te asechan momentos que dejas pasar por no saber valorar. Sueñas con el amor pero no sabes amar...Temes a la soledad pero te alejas de la verdad al no querer entregar por temor a que te puedan fallar.

El silencio hablará, te contará una verdad... ¡Dejar de amar porque te puedan lastimar es vivir sin sentir y andar sin percibir! Abre tu corazón, cambia el miedo por ilusión.

¡Escoge amar sin condición!

El amor te puede encontrar.

Solo debes dejarlo entrar.

Déjalo pasar y entenderás las ventajas de arriesgar, amar y esperar.

La paciencia te sabrá recompensar, nunca es tarde para comenzar a amar.

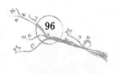

Solitaria

Ella está ausente.
Ella está distante.
Ella se esconde allá donde no alcanzas a ver.
Ella no está en lo que quieres descifrar.
Ella se va.
Ella regresa para demostrarte un pedazo de su paz.
Ella te enseña su vida por un ventanal y tú: ¡esperas en algún momento, te deje entrar!

Ella entre ausencias espera no amar pero te ama en la distancia pretendiendo que no te esperará.

Entre lo que aún no sabes ni sabrás.
Entre lo que quizás jamás descubrirás.
Entre lo incierto la hallarás.
Entre lo que no quieres controlar, ahí la mirarás pero jamás detendrás.
Ella se abriga con su soledad, un lugar lejano al que no puedes llegar.
Un lugar del que quizás no quieras regresar.
Ella está porque si no... no vendría la curiosidad de querer intentar.
Ella es lo prohibido. ¿Querrás navegar en lo desconocido?
Podrás quedarte en lo que puedes controlar o indagar en lo que te incita ir más allá. Ella mirará el mar ¡Quizás no quiera nadar! Pero su fascinación no caducará.
En sus ojos podrás indagar aunque ninguna conclusión logres sacar.

Sin las sombras

Sin las sombras; la luz no sería perfecta.
Sin la noche no valorarías la majestuosidad del día y el amanecer no sería una obra de arte.

Tu vida es lo que es...
Lo que piensas que no está, siempre regresará.
Los recuerdos valen más...
Los momentos que ignoras, te dirán la verdad.
Tu vida será perfecta cuando aprendas a ver...
Cada detalle forma parte de tu ser.
No importa que lo ignores; en algún momento llegará... sabrás que al esperar, llega la luz que desconoces para demostrar que cada instante da paz.

Lo que te atormenta ayudará. Lo que odias formará el aprendizaje que no puedes observar y será ideal para ayudarte a alumbrar.

Descubre tu interior. Ama hasta lo incorrecto y sanarás todo lo que deseas cambiar, para mejorar.

Tu luz me alumbrará ¡Cuando leas brillarás! Si tu entendimiento logras expandir... me ayudarás a vivir en el panorama donde deseo existir. ¡Gracias! Tu tiempo es lo que esperaba tener. Este segundo perfecto quería poseer aunque de ti no forme parte después.

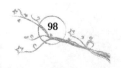

Sin apegos

Un amor con constante adhesión.
Un amor sin apegos, un amor sin traición.
Así fue hasta que uno sin querer se involucró y el pacto perfecto rompió.

El otro con miedo decidió huir sin saber que querría volver al lugar donde aprendió a querer sin retener.

Un amor sin medida se disolvió.
Un amor con silencios, un amor sin secretos.
Un amor en libertad.
Un amor sin igual.

Al regresar la otra mitad estaba con alguien más. Al regresar no había lugar para todo lo que había dejado atrás.
Sin reacción... El otro observó... su alma favorita, su sonrisa exquisita.
Sin más que decir decidió no seguir. Sin mirar atrás no atendió al llamado de su amor.

Su corazón lo lamentó...
El miedo fue mayor.
Quizás en otra ocasión...
Lo que sucederá inevitablemente llegará y entre versos y olvidos quizás los junte de nuevo el destino.

¿Qué calla la luna hoy?

Almas en la distancia padeciendo de nostalgia.
Almas prendadas a la ilusión de estar mirando a la luna en la misma ocasión.
Almas sin saberlo, comparten sentimientos.
La noche habló... Sus cuerpos distraídos no prestaron atención.
La luna tocó una canción que solo el alma escuchó.

Dos almas en sincronía, dos cuerpos con apatía las alejaban más cada día.
La ilusión del verdadero amor, solo su alma lo percibió.
La luna siente el dolor que la distancia brindó por causa del orgullo o del temor.
¿Qué calla la luna hoy? Calla anhelos vacíos que el olvido barrió pero no mató.
Regresarán vestidos de esperanza buscando llenarse con ansias.
¡El hilo invisible otras dos almas unió! Almas con alegría no se conocen TODAVÍA. Almas sin saberlo, comparten sentimientos.
Almas conectadas con la luna... ¡Compartiendo la noche sin pensar, un hilo las une sin preguntar!
Entre almas y palabras; entre la noche y la luna; la musa otro verso inspiró mientras que un alma escribió su última versión del amor que para ti construyó, aunque no formes parte de su hoy, aunque mañana no seas su ilusión, aunque no te busque...

Compartiendo ilusiones te acompañará en lo efímero del camino. ¡Alejada de la razón! ¡Fue su alma la que habló! Solo la luna escuchó lo que jamás te contó. ¿Qué calla la luna hoy?

Aprendí

Aprendí que un NO puede convertirse en SI.
Aprendí que en ocasiones un adiós es la mejor elección.
Aprendí que hay que dejar atrás lo que te hace sufrir.

La vida me enseñó a persistir por lo que vale la pena conseguir.
El pasado no se volverá a repetir.
 El presente está ahí para verte sonreír.
Un desconocido te observa...
Un encuentro se acerca.
La amabilidad es una creación del amor.

Hay distintas formas de querer, yo escogí la felicidad como forma de ser.

Lo que te lastima te enseñará...De lo que te daña aprenderás.
Desprenderte será una lección, vivir sin odio será tu misión.
Lo que en otros nos molesta es un reflejo de nuestra realidad.
Despertar queriendo mejorar...La vida me enseña que fallar es parte de ganar...
¡Convertir cada error en reflexión! ¡Convertir la soledad en un momento de luz interior!
Aprendí en el corto tiempo de mi existir... que el ego nos quita palabras que debemos decir.
El tiempo se agota.
La vida se acaba.
Aprendí que el olvido acude cuando la indiferencia brilla.
La vida me enseñó que el amor es la mejor elección.

Si hoy es el último día que me toca vivir agradecería por el aprendizaje que aquí adquirí. Pero hoy te invito a decir las palabras que callas por no arriesgarte a sentir.

La muerte ha de llegar... ¡Imposible de evitar! Vive tu hoy sin pensar que muchos días tendrás.
No dejes para después lo que hoy puedes hacer.

Arriésgate a la posibilidad de creer en ti.
Apartando el dolor te podrás encontrar.
Recuerda: Las veces que te has perdido te ayudarán a seguir el camino por donde debes ir.

La vida es ahora.
Es tu momento para ser feliz, es tu momento para surgir.
No te bañes con la decepción.
No te arropes con la desilusión.
Eres lo que proyectas, eres lo que sueñas.

¡Eres parte de la vida!
Y la vida te quiere decir que es el momento exacto para comenzar a vivir.

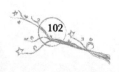

Creadores

Creadores con visión, una sonrisa y se roban tu atención.

No creen en la imposibilidad, la utilizan para demostrar que con voluntad todo se puede lograr.

Convirtiendo tristezas en alegrías, van creando motivos para disfrutar la vida.

Transformación constante, búsqueda implacable.

Un mundo por conquistar.

Un universo que cambiar.

Su tiempo es corto para demostrar que los sueños se pueden abrazar.

Cada ilusión la hacen real, aunque caigan se vuelven a parar.

Juegan en el jamás para día tras día volver a empezar.

Su columpio es la paz y su cuerpo el instrumento para que su alma pueda volar.

Aceptan el reto de existir en una sociedad que vive de mentir.

Creen en la humanidad... ¡Invitan razones para concientizar!

Se ríen de lo material, hacen del dinero un fin para ayudar.

¡Apuestan cada día más! ¡Apuestan al amor!

Apuestan aunque sufran por no saber qué hay más allá del hoy.

Vacían su ser para crear; un universo donde podamos habitar sin lastimar.

Creando razones para valorar.

En el optimismo su fe.

Cada fracaso los incita a no dejar de creer.

¡Flores de papel y un verso también!

¡Nadando en arte para encontrar su ser!

A veces lloran por no comprender como es que el mundo se ha vuelto cruel.

Su mayor creación es la sonrisa que tienes hoy.

Su mayor creación es ayudarte a sentir mejor.

Y aunque no dejarán de crear, en ocasiones, la soledad los acompaña sin preguntar.

La tristeza del creador acude.
Su ánimo se quiebra.
Su voluntad se escapa.
Un suspiro al olvido.
El viento se lleva lo que se le ha perdido.
Vuelve a crear... ¡Tú eres la razón de su creación!

Se aleja del segundo que pasó y hace un pacto con el tiempo para sanar su depresión. ¡Su tristeza es el hambre de los demás!

Su esperanza es que todos puedan amar y nadie olvide sus sueños por miedo a fracasar.

Creando letras para ti, así se van a dormir.
Las musas les preparan anhelos que deberán cumplir.
No por exigencias, es la razón de su existir.

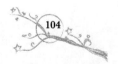

Detrás de su sonrisa

Sonrisas que esconden lágrimas.
Palabras que esconden tristezas.
Ella esconde en su mirada lo que anhelaba y jamás le dabas.
Ella esconde entre suspiros lo que con tu olvido se ha perdido.

Tú no podrás saber que le hablará a la luna buscando un porqué. Jamás podrás entender lo que ella quería hacerte ver.
Un amor de cuentos que acabó dejando vacío un corazón.
Una historia sin conclusión y vuelve a sonar la canción que alumbra su dolor.

No lo podrás comprender; entre risas cubre la añoranza de lo que no fue. Sin después... La ves brillar sin observar que era tu luz y la apagaste sin querer.

Ahora se llena con el sol pero sigue vacía su razón.
Mira en su interior ¡Acabaste con cualquier rastro de ilusión!
Felicidad efímera: ¡estrella fugaz del amor! ¡La eternidad traducida en adiós!

Antes de empezar

Ojalá no haga falta coincidir.
Tú y yo, no es necesario repetir.
Lo que nos unió, nos separa hoy.
Sin continuación, no hay después, no hay hoy.
Sin rencor, sin celos, sin amor.

Antes de empezar nunca más quisiera regresar.
Antes de empezar tus ojos no me invitan a volver a intentar.
Antes de empezar te digo adiós... No eres lo que quiero al despertar.
Antes de empezar, no quisiera volverte a escuchar.
Tu alma no me llena ni me llenará.
Tu locura es la enfermedad que me hace no querer comenzar.

Sin ganas de curar lo que antes quería sanar.
Entre tus labios no es un buen lugar.
En tu ahora no quiero participar.

Antes de empezar... ¡Me voy a soñar!
No habrá más instantes para tratar.
Sin coincidir...
Lo que sentía expiró.
Tus acciones mataron cualquier indicio de motivación.

La llave de la vida

Busca en tu interior, hay una puerta hacia la felicidad, puedes escoger entrar o puedes marchar hacia la calle de la tristeza y lamentación, aquella calle donde pocas veces sale el sol.

La llave de la vida no puedes copiar, es difícil de acertar pero si te esfuerzas podrás. No pares de buscar, consigue lo que amas y la abrirás. No pares de intentar, aun en la tristeza no debes ignorar que una sonrisa es capaz de llegar si con optimismo la invitas a entrar.
No hables mal de los demás... Que tus prejuicios no tomen lugar.
Evita lastimar, trata de interiorizar que cada vida intenta buscar la llave para poder volar.
No mientas para ganar.
No hagas lo que odias por lo material.
No te rijas por la sociedad sin tener amor por la humanidad.
Que tus acciones y tus palabras puedas sincronizar.

Que la humildad sea tu mejor oración y tu religión sea la de ayudar a crear un mundo mejor. Sana el rencor, no dejes que el odio se apodere de tu ilusión.
No olvides que tu hogar es la tierra, no la maltrates sin valorar que sin ella no tendrías la habitación que decoras hoy.
Empieza a disfrutar, en los detalles la infinidad.
Valora el presente.
Si el pasado no te despidió con buena intención, puedes volver a comenzar; que lo que ocurrió no te quite la fe. ¡Es un buen momento para empezar a creer!
Tu ser está cubierto de infinitas posibilidades.
Cree en ti, todo lo puedes lograr si en la derrota te vuelves a levantar para con una sonrisa saludar a los demás y volver a tratar hasta poderlo alcanzar. Si lo intentas una vez más caminarás por tu sueños envueltos en realidad.
Lo onírico y lo palpable estarán para demostrarte que lo imposible lo pudiste lograr.
No busques lastimar, cerca de la bondad habita la llave de la vida que quieres hallar.
El secreto está en observar, el secreto es pensar y exteriorizar hasta que nuestras acciones y nuestra mente en equilibrio puedan estar.
¡Despierta mundo, te quiero ver alumbrar!

Yo te pido una sonrisa y continuar
Yo te pido volver a tratar
aún si el pasado te hace dudar.

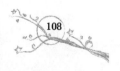

Te digo adiós

Te digo te amo aunque te vas...

"Yo voy a estar sin la esperanza de un regreso", así te contestó mi amor, sin condición. Sin esperar nada a cambio más que el breve recuerdo de la felicidad en la que un beso y un café llenaban el comienzo de mis días y un vino acompañado de silencio eran cómplices de nuestro nocturno encuentro.

Te digo adiós sin la esperanza de volver a oír tu voz.

Te digo adiós y espero cuidar el recuerdo de tu amor.

Te digo adiós para observarte en la lejanía sin necesitar tu compañía para sentir sincronía.

Te digo adiós con un verso lanzado al viento que quizás oirás o tal vez tus oídos jamás rozará.

Te digo adiós sin querer regresar, la libertad es para quien de verdad sabe amar.

Te digo adiós esperando puedas encontrar esa persona que te haga volar. Yo soy la segunda opción, la que siempre cuidará tu corazón. La que ve más allá del dolor, la que no quiere forzar un amor y prefiere esperar la madurez del interior.

Yo soy quien te esperará a través de las vidas hasta que puedas mirar que de mi mano la felicidad tendría lugar. Soy la paciencia de paralizar el tiempo sin perder lo que quiero tener y sin retener lo que –por los momentos– no puede ser.

Almas gemelas

Vives buscando sin parar, cuando te detengas me podrás encontrar. Desde hace mucho te quiero hallar. Por ahora, en tus sueños, me puedes observar.

Me gusta verte en libertad, al abrazarte jamás te haré aterrizar. Prefiero el aire y poderte acompañar, a través del viento disfrutarte al andar. No te detengas, si eres para mí, nos tocará coincidir.
Si soy para ti, aunque decidas mal, en la equivocación me podrás besar.

Entre fragmentos del pasado, instantes del presente y destellos del futuro sabrás dónde parar, para poder puntualizar un encuentro que se aleje de lo normal y te haga pensar que vale la pena volver a intentar.
El destino se esconde detrás de tus pasos. En tus huellas estaré si en tu destino me quieres tener. Convertido en casualidad me podrás observar mientras tu alma te cuenta que voy a perdurar.

Empieza a querer hasta que de tanto errar nos podamos tocar. Aunque te encuentre para despedirme poco después... Tendré fe porque he de volver o tú serás quien regrese a ver, si en mis ojos te puedes perder y la madurez puede servir para callar lo que el olvido trató de apagar. Si esta vida no nos concede el honor... Nuestra alma sabrá que el momento ha de llegar.

Tu interior presiente la conexión, tu exterior se siente a gusto con la situación en la que tú y yo somos protagonistas de aquello que llaman amor. Sin tentación, sin traición y con mucha más felicidad que dolor.

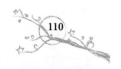

La más bella sirena

Le podría bajar la luna pero prefiero subirme en ella para así tratar de alcanzar alguna estrella y contarle como es mi vida desde que estoy con ella.

La más bella sirena, canta para drenar.
Sin dudar me dejé llevar, las ganas de amar vencieron el temor a fallar. Su pureza me cautivó. Mis sentimientos envueltos en su piel escogieron sus manos para percibir y sus labios para vivir.

La luna me preguntó... ¿es tiempo para el amor? Sin saber qué contestar, pasó una estrella fugaz.
El deseo que iba a pedir ya lo tenía dentro de mí.

Encontré lo que por las calles de mis sueños por tanto tiempo busqué. La luna entendió que mi silencio le contestó. El amor no conoce el tiempo, puede ser fugaz o puede ser lento. Puede ser efímero o puede ser eterno.

El tiempo del amor no acudirá. El tiempo de amor no existe, ni existirá. Amas cuando te asalta un instante de perfección y te sientes atado por la ley de atracción. Sin remedio, sin elección. Envuelto en ilusión un beso sana el antiguo dolor.

Una mirada te lleva a la dimensión del amor transformado en color y cargado de creación. Te invito a pensar que el amor vencerá. El amor es la religión que debería predominar en la humanidad.
Si aún no lo tienes ten paciencia y a esperar por lo que será capaz de hacerte volar y empezar a irradiar pura luz dejando atrás la oscuridad

Entre utopías

Sin saberlo nos encontraremos a través de los sueños.
Aun sin conocernos estaremos presentes al dormir.
Entre utopías serás para mí.
Entre utopías rozarás mi rostro y pensarás que es normal... "Sólo un sueño" algo ocasional, nada especial.

Sin explicación... Al despertar no reconocerás mi rostro.
Seré el desconocido al que llamas amor.
Seré el desconocido por el que esperas al anochecer.
Seré el desconocido que te invita a soñar cuando en tu realidad no encuentras nada que te haga volar, salir de la costumbre; ir más allá.

No eres de este lugar.
Eres la de mis sueños y sé que existes en algún lugar.
Seré paciente, hasta poderte encontrar, me conformaré con visualizarte al soñar.
Seré paciente y no amaré por amar...

Una musa que me visita y se ha quedado en mi mente.
En esta época prefieren besar labios distintos cada día sin ánimos de amar.
Buscando felicidad efímera corren sin parar.
Buscando en muchas miradas sin capacidad de observar.
Prefiero mi amor de otro tiempo.
En mis sueños se ama sin condición.
En mi sueño la infidelidad no es una opción.
En mis sueños no cambias tantas veces de amor solo por moda o porque en verdad nunca se amó. ¡Soñarás más de una vez conmigo y en ese instante yo estaré soñándote!
Una sonrisa en tu honor al despertar.
Eres mi motivo para continuar.
Eres mi razón para esperar.
Eres el indicio de lo que significa amar.

Casualidad

Todo llega cuando debe llegar
mi amado destino es mi cómplice
para ayudarte a acertar.
¡En las equivocaciones,
también logramos ganar!
Incluso perder forma
parte de acertar.

La Vida entre mis Dedos.

Conmigo o sin mí

Me encanta que existas conmigo o sin mí.
¡Me encanta saber que estás ahí!
Compartir el mundo junto a ti.
Aunque no estés aquí me alegra saber que también aprendes a vivir.

¡Que respires me hace feliz!
Sonrío pensando en tu alegría.
Sonrío al pensar en ti.

Aunque no te tenga de mi mano en esta vida que me tocó vivir, haberte encontrado es suficiente para esperar por ese instante en el que conmigo quieras andar.

Ir de tu mano por las calles de la ciudad me hace seguir soñando aunque en mi realidad tú no te posarás.
Sentir que tu mirada alcanza mi mirar y una conexión nace al pestañear, me hace esperarte otra vida más.

¡Te observo pero no me gusta forzar!
Las cosas pasan cuando deben pasar.
El minuto de amar llegará. Por ahora, podrás esconderte del amor besando otros labios y jugando a querer.
Cuando falles solo yo sabré que en algún momento te alcanzaré.
Amarnos en otra dimensión... ¡Amarnos sin tiempo y sin traición!
Amarnos hasta que la pasión pida descansar de tanto amor.

¡Quiero creer!

Todavía quiero creer en un amor distinto que rompa las barreras de los enamorados.

Un amor que inspire a soñar por uno sin olvidarse del otro.
Un amor que te salve de las noches de soledad con conversaciones que inspiren; alejándose de lo mundano y entrando en otra época donde amar no es efímero. Donde querer es sinónimo de confiar y de estabilidad.

Quiero seguir creyendo en las ilusiones que no se quiebran, en las caricias que te hacen ser capaz de volar sin levantarte del suelo.
Todavía quiero creer en lo bonito de querer sin condición, de amar sin que la eternidad sea un pestañeo cargado de tanto mirar sin encontrar... Sin saber si quiera lo que en principio quisiste buscar.
Todavía quiero creer que existe algo más...
Más allá de las noches frías, de los olvidos consumados, de los amores de un día, de caminar y caminar siempre con alguien distinto a quien cortejar.
Todavía quiero un amor en el que el reloj sea un accesorio, en donde las miradas sean eternas y los detalles no caduquen.
Todavía quiero querer así...
Para siempre.

¡El destino actuará!

Las cosas pasan cuando deben pasar.
En algún lugar, alguien te anhela encontrar.
En algún momento, el instante ocurrirá.
No te esfuerces porque se escapará.
No sujetes a quien en tu mano no quiere estar.

Hay que saber esperar, lo más hermoso está por llegar.
Las oportunidades se presentarán; lo que hoy no se da, quizás mañana vendrá.

No dejes de soñar porque esos sueños aún no se presenten en tu realidad. Intentar y aprovechar, los segundos como estrellas, te permiten brillar.
No intentes amar por amar, perderás lo que estabas destinado a alcanzar. Detente a escuchar, el universo te manda señales pero depende de ti, poderlas descifrar.
Hoy puedes soñar con lo que quieres hallar al despertar.
Una mañana te sorprenderá...
¡El destino actuará! Y de repente tu voz interna dirá:
Valió la pena no volar por el camino de la ansiedad y conformarte con lo que no querías tener... por miedo a perder lo que hoy tienes y te ayuda a entender.

Depende de ti

El destino lo forjas tú.

Depende de ti, lo que vas a alcanzar.

Lo que sientes te puede guiar, si te propones no lastimar, para tu objetivo poder lograr.

Si se acerca una despedida, afróntala con valentía. Entrega una sonrisa y acepta la partida.

Si quieres quedarte y escoges amar... ¡Cosecha sonrisas y no te limites por miedo a fallar! Siente la vida al respirar. Alégrate al despertar y agradece al universo por otro día otorgarte para sanar.

Si te hacen molestar, que la tolerancia tome lugar. Otras ideas se harán notar, depende de ti poder escucharlas sin juzgar.

Si quieres demostrar tu luz, alumbrando tu interior la expandirás a los demás. Que tus palabras sean para curar y no para el odio invocar.

Al cielo podrás llegar pero cuida la tierra antes de querer volar.

Si el éxito toca tu puerta, recibirlo con humildad será necesario para que se quede y no se quiera marchar.

Hoy te invito felicidad, dosis de amor para borrar lo que quiere contaminar tu paz.

Aprendizaje en el error

En las equivocaciones logramos acertar.
De cada error el aprendizaje te ayudará a valorar todo aquello que con el tiempo hallarás.

Sonríe una vez más aunque hoy estés triste y quieras llorar.
La tristeza acude, es natural.
La sensibilidad te hace ser más.
Cada mañana con esperanza continuar.
Cada noche analizar lo que deseas lograr.
Un viaje personal.
De tanto perderte de pronto podrás acertar.

Un encuentro contigo llegará y entre un café y soledad un suspiro vendrá.
No hay caminos equivocados, cada experiencia tenía que ser.
En el silencio entenderás que lo ocurrido sirvió para ayudarte a madurar.

¡Poco a poco crecer! El viaje del ahora no tiene un solo tren.
La dirección la escoges tú. Lo que te daña no lo lleves de equipaje, que no te acompañe para hacer pesado el viaje.
Quien te sustraiga no te ayudará.
Aprende a disfrutar.
Camina y lentamente empieza a escuchar. Sin prisa continúa aunque algunos días no sean de felicidad siempre hay una oportunidad para volver a probar.

¿Varios amores o uno solo?

¿Amor? Un encuentro destinado, por casualidad o por error que se convirtió en intención. Se encontraron, se observaron, se escucharon, se enamoraron, se lastimaron y se olvidaron.

¿Olvido? Mentiras descubiertas por el recuerdo, por las cenizas de lo que aún no ha muerto porque vive en los pensamientos de la memoria de un sentimiento.

¿Varios amores o uno solo? El primero causa adicción, es la llegada de la costumbre y el sabor del desamor. Sin embargo, en compañía muchas veces creemos vivir mejor.

Hay amores eternos; amores de un rato; amores de un rato que son eternos; amores eternos por pertenencia –por miedos mutuos hacia la soledad– por la necesidad de una mano para enfrentar las realidades de este lugar.

Ningún amor se parece. Hay amores de amores y amores pequeños que vienen y van. Sin embargo, siempre habrá un amor que no olvidarás; alguien con quien cada noche querrás estar; una mirada que te persigue al soñar; una palabra que te hace volar por aquellas frases que te guardaste y no pudiste expresar.

Un amor que si está te hará alucinar y no habrá infidelidad capaz de dañar esa magia que cada día agradeces y quieres cuidar.

No hay definición para el amor...

Nace con el perfume de una flor y muere con la traición.

No se sabe si será correspondido en su totalidad...

Hay amores que pueden más porque no necesitan ser amados para amar.

¡No necesitan entrega para entregar!

Palabras guardadas

Las palabras guardadas se acumulan como nudos en la garganta; como suspiros llenos de carga; como amaneceres con causa pero sin nombre.

¿Ya le dijiste te quiero? Un buen momento para dejar de callar. Instante adecuado para empezar a actuar.

La actitud que tendrás definirá el papel que en su vida ocuparás.

A veces es muy tarde cuando quieres dejar el miedo.

Las palabras no dichas quieren hablar, no esperes el momento perdido donde nadie las quiera escuchar.

¡Dile lo que sientes! Así sabrás si eres o serás.

¡No te conviertas en pasado sin antes probar!

Si la quieres podrías comenzar por decirle la verdad; no guardarla en tu interior por miedo a lo que sucederá.

Escoge al amor, aleja al orgullo, despide al temor.

¡Dile lo que sientes! Deja de esperar.

Instante adecuado para echar a volar esas palabras que desde hace tanto debiste sacar.

Espejo

— ¿Por qué vives escapando?

— ¿De qué supones que escapo?

—Escapas de ti.

—Eres libre para opinar pero no tienes la certeza. Puedes creer conocerme, pero ¿cómo saberlo?

—Veo que huyes del amor y sin embargo, intentas con todas tus fuerzas amar. No te comunicas contigo, tienes dos realidades peleando en tu interior, y ambas tienen la razón. ¿Por qué huyes?

—No huyo. Más huyes tú, que siempre tienes algo que decir, me agobias y dices confiar en mí.

—Huyes cuando corres, cuando descubres tus errores pero decides alejarte en diferentes direcciones en vez de encarar tus miedos.

— ¿Cuáles son mis temores?

—Le temes a la soledad. Te preocupa la realidad, la cambias constantemente tratándola de mejorar pero temes no poderlo lograr. Temes del amor, te asusta la decepción. Le temes a los cambios, temes del adiós, por eso, para evitar pérdidas, te alejas de las bienvenidas.

—Trato de valorar mi vida, de quererme, de buscar, trato con todas mis fuerzas de avanzar.

—Tu búsqueda interna te llevó a este lugar. Ahora que estamos solos dime con sinceridad, ¿hasta dónde estás dispuesto a llegar?

—Hasta poderme encontrar. Hasta sentarme conmigo serenamente a conversar.

—Prosigamos... ¿Qué te preocupa?

—Me preocupa la sociedad, se está adueñando de todo, le pone precio a las vidas, las restringe, las exprime y las aflige.

— ¿No has pensado en parar tu preocupación externa y preocuparte por tu interior? ¿Cuál es la guerra que tiene tu YO?

—La ausencia que habita en ciertas presencias. La necesidad de amar para tener estabilidad. Una parte de mi YO quiere amar, la otra parte, es más dura, me hace preguntas, quiere que permanezca a oscuras, que enfrenté mis miedos. Me explica que el amor no se escoge, que él te elige; me explica que el amor se fabrica cuando estás en armonía.

—Me escuchas diariamente, soy tu voz interior, quiero ayudarte en tu evolución. Sigue amando a tu alrededor pero también destina tu amor a todo tu corazón.

Tienes el don de escucharme. Crees en la magia, crees en ti y estás en medio del proceso que te permitirá poderte descubrir. Si sigues así, y dejas de huir, poco a poco entre las nubes podrás vivir.

No tengas miedo, la mente crea las barreras pero también es capaz de borrarlas. Pocos se adentran en la búsqueda del ser, es un camino difícil pero una vez que empiezas no te quieres detener.

Eternidad en el adiós

Nuestras almas hablaron, se dijeron adiós.
Nuestros cuerpos en depresión, no aceptaban la despedida sin saber que era el mayor acto de amor.

Nuestro amor terrenal se marchó pero internamente jamás me dejó. Por eso puedo vivir sabiendo que eres feliz.
Lo nuestro no tendrá ni principio ni fin. No te veo como alguien más... Te veo mágicamente y ni en mil vidas se podrá comparar.
¡Difícil de explicar pero igual te siento aunque no te pueda observar! Yo espero amarte en la eternidad y decidir no bajar. Quedarme contigo allá donde el tiempo no tiene lugar.
Siempre te voy a amar pero de una forma más pura quizás. Te amaré con mi alma; destinada a jamás caducar. Aunque día tras día no formes parte de mi realidad.
Una promesa de amor imposible de romper.
El amor sin límites es la mejor forma para querer, con esta despedida continuaré con mi vida.
Y así cedieron ante lo prohibido para seguir amándose entre suspiros. ¡Verdad sumergida en letras! ¡Sueños que vuelan alrededor de la vieja nostalgia! Amores que bailan la melodía que dictan las almas.
Verdades ahogadas entre los recuerdos que guardan en sus almohadas. ¡Si me necesitas me podrás ver, basta ante tus ojos ceder y en un sueño mi calor de nuevo podrás tener!
Pero te digo adiós... Por ahora no podremos sentir la fusión de nuestra voz pero en tu interior escucharás la melodía del más hermoso amor.
Un amor sin conclusión, un amor sin medida, un amor sin culminación.
Un amor que durará aunque en estos tiempos ya no se puedan tocar. Aunque otros labios deban rozar y otras manos los tomen al despertar.
¡Este es el amor que no tiene final! Un amor que seguirá siendo amor aunque el frío golpee los días y otros amores los abracen mientras dure esta vida. La noche se rió del olvido: ¡Jamás podrá llegar porque estos amantes lo han vencido!

Armonía

No comprendo cuál es la venganza si el mundo es tan bello para caer en las faltas.
No comprendo cuál es la desesperanza si el mundo invita a llenarte de ansias.
No comprendo por qué vivir en la agonía si el mundo está cargado de la más pura alegría.

¿Cuál es tu apatía si puedes respirar día tras día?
¡Existiendo en armonía es fácil combatir la falta de sincronía!
Empieza a soñar, de ese sueño nacerá tu realidad ideal.
Los astros te entregan motivos para ser feliz pero la felicidad solo depende de ti.
De tu optimismo depende poder volar.
Si canalizas tu energía podrás deslumbrar.

Cambios

El dolor momentáneo de un cambio consiste en el hecho de salir de nuestra zona de confort.

¡No podrás salir ileso de los miedos que te mantienen preso!

Si atraviesas tus fantasmas, luego del dolor, vendrá la satisfacción. Conquistarás tus miedos, viajarás a través de los cambios para luego vivir una nueva etapa que te hará feliz.

El proceso del cambio puede ser duro, pero es necesario para el crecimiento personal.

Desde afuera no podrás ver, lo que habita dentro de tu ser.

Desde afuera no podrás sentir, lo que tu alma te quiere hacer percibir.

Desde afuera no podrás oír, las voces que tu interior dicta para ti. Déjate llevar por la transformación que debes realizar. No te esfuerces en retrasarla, solo retrasas tu evolución personal.

Los cambios no son negativos.

Hora de explorar otros mundos, mundos que habitan en tu interior y que ignorabas por temor. Tiempo de transformación. Aunque hoy no lo puedas ver, en un tiempo vas a agradecer, haberte arriesgado a crecer.

El proceso te hará entender que desde ahora no tendrás miedo a perder.

Tu zona de confort es más amplia.

Conquistas espacios mientras conquistas tu alma.

Detrás de las personas

Una historia por contar.
Miles de recuerdos para coleccionar.
Alguien a quien han de extrañar.

Cada noche sueños que no han de recordar.
Una tristeza que tratan de olvidar.
Una meta que intentan alcanzar.
Un déjà vu que los hace suspirar.
Miradas que ocultan emociones, ¡imposible descifrar!
Detrás de las personas, distintas realidades.
Algunos en frivolidades intentan escapar.
Otros en sus pensamientos quieren encontrar una razón para buscar.

Detrás de las personas...
Búsqueda constante.
Inquietudes latentes.
Emociones persistentes.

¡El amor, la máxima expresión!
Detrás de las personas: críticas, superioridad, prejuicios, desigualdad. Detrás de las personas: ¡Pedazos de bondad! ¡Creatividad y ganas de volar!
Detrás de las personas...
Resucitan al despertar, sueñan cuando algo va mal.
Mueren en la depresión, su historia puede ser mejor.
Un punto final, otra historia empezar.
Detrás de las personas la infinitud de la esperanza.
Conexiones sumergidas en casualidad.
El destino, se fue a descansar.

Detrás de las personas: Cada noche descienden para ascender con el nuevo amanecer.
¿Detrás de las personas?

¡La prueba consistente!

La magia sigue ahí, algunos pueden percibir; otros se conforman con vivir, sin preguntar, sin esperar, solo con estar.

No necesito religión, detrás de las personas puedo observar sin necesidad de analizar.

Son la prueba que necesito para creer.

Son la prueba que necesito, sin necesidad de comprender, con verlos puedo calmar mi sed.

Detrás de las personas: su alma, su historia, su condición.

Separados por fronteras, en la distancia me inspiran a vivir.

Detrás de las personas consigo la fuerza para seguir y hacer mi mayor intento en lo que llamamos "Existir".

Motivación

¡Me motiva el sonido de la esperanza acompañado por un nuevo día para intentar!
Me motivan las personas que se levantan con sueños.
¡Qué salen barriendo las calles del olvido para caminar por la serenidad de lo que aún no se ha perdido!
¡Me motiva observar!
¡Me inspiran las otras voces!
¡Me motivan las otras almas!

¡Siento una admiración por los desconocidos! Tan lejanos y cercanos de mi inspiración...sin saberlo, me roban un suspiro y continúo mi viaje imaginando que lograrán seguir arriesgando hasta ganar y aunque pierdan, sin detenerse, no podrán parar de luchar por esos sueños que estoy segura conseguirán.
¡Me motiva el cielo! ¡Me motiva el misterio encerrado en las nubes!
Mi motivación va más allá...
Me gusta imaginar que hay algo grande que nos observa, un universo completo sin explicar... ¡Me motiva creer en todo lo que aún no puedo ver!
Una sonrisa llega: Imposible ser infeliz con tantos detalles que necesitamos descubrir.

No es válido vivir del dolor cuando con abrir nuestros sentidos tendríamos la solución.
¡Fabricar ilusiones! ¡Admirar la existencia en su totalidad!
¡Me motivan los encuentros!
¡Me motivan las pasiones que impulsan los corazones!

¡Me motiva el destino! Cada día es una señal; solo hay que dejarnos llevar y utilizar la razón sin dejar a un lado la imaginación.
¡Todo está preparado! Disfruta y sonríe... Envuelto en las casualidades; en cualquier lugar; en cualquier segundo; el destino te observará.

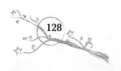

¡Otro encuentro llegará y podrás decidir aceptarlo o seguir sin voltear! ¡Hermosa mañana para soñar, para salir a la calle a buscar todo lo que te inspira y te motiva a continuar!
Trataré de encontrar tu mirada en los ojos desconocidos que me toca observar y si una sonrisa me puedes dar, alegrarás el minuto que no he de olvidar.

Esta es mi vida y me gusta sonreír.
Me gusta salir y conseguir todo lo que me inspira a seguir.
Abordar el camino por donde quiero ir.

¡Me motiva mi misión!
Me gustaría alcanzarla antes de partir,
me motiva más no saber cuándo será...
¡Hoy es un buen día para agradecer respirar!

Sanarás

El silencio dice "sanarás".
La noche opina que podrás.
¡Tus ojos inundados te obligan a dudar!

El teléfono oculta tu dolor, nadie contestó.
En una llamada tu anhelo se perdió.
¡Tu orgullo maltratado te obligó a tratar!
Del otro lado del auricular: "No vuelvas a llamar".

La soledad te quiere rescatar,
esta noche la tratas de alejar,
persistente, quiere ayudar.

El olvido no quiere llegar, no quisieras recordar.
¡La tristeza se apodera del lugar! ¡Es momento de aprenderse a amar!
Del dolor una flor nacerá. Perdiste la ilusión pero puedes encontrarla en tu interior.
No hay necesidad de dejarte embriagar por lo que en su presente no te quiere encontrar.
No hay necesidad de odiar al amor porque un proceso culminó.
No hay necesidad de intentar retener, la vida es muy corta para vivir del ayer.
No hay necesidad de vivir en depresión, puedes aprender y con la despedida crecer.
El proceso y su transición.
El desapego y su evolución.
¡Imposible obligar a querer!
¡A veces nos toca perder, pero el amanecer te anima a creer!
En las cicatrices se oculta la esperanza de comprender que de la oscuridad se puede renacer.
En la despedida la desilusión.
En la despedida la comprensión, el amor no es imposición.

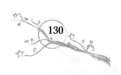

Decepción

Decepción al entender, lo que creía no puedo ser.
Nostalgia del ayer: querer regresar y entender que no volverá a suceder.

Vivir del recuerdo que apaga mi voz en esta noche, donde sin sueño anhelo la llegada del sol.
Mi ansiedad aguarda un presente que no llega por vivir del ayer.
La nostalgia de un amor que no pudo ser trae consigo decepción y miedo de creer.

En esta noche imagino almas que como la mía; sufren, ríen, anhelan, extrañan, aman, sueñan y viven de esperanzas.
En la oscuridad una lágrima puede rodar.
Antes de dormir una sonrisa se puede escapar mientras imaginas lo que está por pasar.

Entre pesadumbre traducida en espera.
Entre suspiros cargados de olvido.
Entre silencios que matan amores.
Entre un sueño que crees perdido nace la alegría de no vivir del dolor y superar lo que te causó ganas de abandonar el amor.

La esperanza del amor que no miente para evitar dolor.
La esperanza del mañana esconderá la decepción que nos arropa la noche de hoy. ¡Amando lo efímero se ama mejor!
Lo entendí cuando perdí mi ilusión con aquella traición, cuyo recuerdo invade la noche, sin precaución.
Abandonar la felicidad es la más cobarde forma de continuar.
Los enamorados lo pueden comprobar.
A veces fallando ganamos más.
A veces dejando atrás la equivocación vestida de amor podremos hallar entre sueños y realidad; la utopía perfecta destinada a enseñarnos a volver confiar.

Sin ganas de retenerte

Supe que no sentía nada por ti cuando te vi partir.
Sin ganas de retenerte, te dejé ir.
Mis alas se fueron lejos del lugar donde contigo existí.

Lo que habías postergado, lo aceptaste por fin.
La despedida tomó lugar, con valor y resignación llegó el momento de culminar una historia que prometía no tener final.

Sin indicio de dolor por otro rumbo seguí.
Sin nostalgia, sin rencor, sin vacilación... mi curso proseguí.

Cuando amanezco no entran los pensamientos del tiempo en el que a tu lado viví.
Sin tristeza me puedo acordar de lo que significaste para mí. Y con una sonrisa entiendo que fue hermoso lo que sentí.

Cada felicidad que poseas a partir de aquí... Dibujará una sonrisa, pues me alegro por ti.
Me alegraré si consigues el amor.
Si otros labios besas, no pienses me causará algún mal. Entiendo que nuestro tiempo acabó, y lo que sentí con él se murió.

No pienses que me olvidé tan rápido de lo que fue tu querer. Al contrario, lo recordaré.

Tu alma por ahí, no la encontraré.
La realidad que me brindabas.
El calor que me dabas.

Momentos que de mi memoria no borraré y espero en otra vida volverte a ver pero jugando otro papel, para así, no tenernos que desprender.
Gracias por tu compañía.
Gracias por tu apoyo.
Gracias por tu amor.

Gracias por irte y dejarme la inspiración para escribirte los últimos versos con el adiós.

Lo efímero vs la eternidad

El ruido de las olas chocando contra las rocas era el compás para la melodía de una conversación.
Una polémica discusión los llevó a hablar del amor.
Ella quiere la eternidad... Su alma encontró esa alma de la que no se quiere alejar. Pero él, ve del amor una ilusión. Un espejismo que puedes repetir cuando es real y cuando no, deja de existir.

Lo efímero vs la eternidad. ¿De qué color vestirán su pasión?
Él prefiere un amor de nunca olvidar a la eternidad que la costumbre puede llegar a injertar.
Él valora los instantes y se centra en lo bonito de no querer controlar.

Ella no quiere su futuro si no viste de esa ilusión y él es el único con la combinación. Él quiere verla volar. Para ella, la tierra es el cielo solo si con él puede estar. Él encuentra entre lo efímero pedazos de eternidad. Ella lo quiere enseñar a amar sin pensar en el final.
Él la enseña a valorar los quizás, no dar todo por seguro, no aferrarse a la estabilidad. Ella de su mano quiere caminar esperando poder su juego ganar. El juego de un amor que no terminará.

El final será saber que aprendió a querer y sus días con él no caducarán, pues serán imposibles de olvidar.

Él cree lograr hacerla entender que el amor real es el que no sabes cuánto durará. En la incertidumbre amas más. No amas para retener; amas porque no hay nada más que puedas hacer si sólo en sus ojos te quieres perder.
Una contraposición de ideas que cierra sin conclusión...
Una discusión que terminó con un beso en medio del silencio; silencio que dice más que mil palabras que no quieren hablar.

Sin saberlo, ganaron al aceptar que no en todo tienen que pensar igual. Se dejan llevar por el mar.
La luna como único testigo de lo que pasó, en la conversación del amor. Sin saber qué pasará, se centran en el ahora sin forzar, sin implantar.

Sabiendo escuchar le ganan al olvido que huye desapercibido. ¡En esta ocasión no ha sido él quien ha vencido!

Sin presión

En algún momento,
en algún lugar,
sin darte cuenta hallarás la paz.

Sin presión,
sin forzar el proceso interior;
de repente te lograrás amar.
De lo negativo construirás,
lo positivo alimentarás.

Un poco de luz y de oscuridad; el equilibrio perfecto de la humanidad.
Debes aceptar cada parte de tu yo.
Utilizar las experiencias para crecer.
No vivir de lamentos,
empezar a creer.

La belleza exterior la perderás...
Tiempo de cultivar lo que jamás se irá.
¡Un mundo dentro de ti!
El color que escojas para vivir te hará surgir o te podrá hundir.
¡De tus decisiones depende lo que perdurará!
Decide sufrir o ser feliz.

La depresión de un ayer que trajo dolor, cámbiala por amor. Aceptando lo que
ocurrió puedes dejar atrás el pasado que en su momento te hirió.

Tu luz interna te ayudará a brillar.
¡La más hermosa estrella serás!
Y en un instante sumergido en el tiempo descubrirás que eres hermoso sin
tener que en un espejo observar.

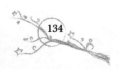

Podrás comprobar que aunque envejezcas, tu belleza no se irá.

¡El presente te canta la más hermosa canción!

¡Del pasado aprendiste a valorar tu hoy!

El futuro te espera sin presionar,

en él pasará lo que escojas cosechar.

¡La dulzura que posees no puedes dejarla atrás! Si un día te sientes mal... Lee estas líneas una vez más; solo así sabrás que alguien confía en que lo podrás lograr.

Si tus ojos te invitan a llorar; que tus lágrimas te ayuden a sanar.

Una sonrisa quizás nacerá para ser el sinónimo de tu bienestar traducido en tranquilidad.

Sin encontrarme

Te espero en la quietud de mis silencios mientras te pienso con tu sonrisa rota, con tus ojos cansados de tanto andar así, sin encontrarme.

Todo viene, pasa y se va... está escrito que al encontrarte jamás te pueda olvidar y aunque te marches espero poder curar esa sonrisa rota y convertirla en felicidad.

Estés en donde estés

Siempre serás mi mamá... Estés en donde estés.
No importa en qué lugar... ¡No importa la distancia cuando se sabe amar!
No importa el no tenerte al despertar.

Mi memoria te aguarda, a mi corazón jamás le podrás faltar. Siempre serás mi mamá aunque pasen cien años, nuestro lazo no se romperá. Aunque un cielo de distancia nos separe; un alma con amor nos unirá eternamente.

No hay lugar, circunstancia, tiempo ni edad...
¡Eres mi mamá y no cambiará!
Un suspiro en tu honor.
Sin verte, te siento.
Sin tocarte, te pienso.
Sin escucharte, te regalo mis versos.

El sabor de tus besos llenos de dulzura y armonía valen por mil años sin tu compañía.
Me alegra ser fruto del vientre de la más hermosa mujer.
Tu alma y la mía conectadas eternamente aunque pasen mil vidas.

Un día especial... Un buen momento para expresarte que mis sentimientos por ti; ¡jamás caducarán!
Siempre serás mi mamá, estés en donde estés.
¡No importa el lugar!
No importa el tiempo cuando el sentimiento es real.

Mi mamá me enseñó que de la vida todo puedes agarrar.
Te otorga motivos para pensar que estamos acá para evolucionar, sonriendo a cada paso una vez más.

Me enseñó que un "no" jamás callará todo aquello que vinimos a alcanzar. Mi

mamá me enseñó a caminar... Me dio su mano para llevarme de paseo por este lugar.

Me enseñó de su mano la alegría de respirar.

Me enseñó de la soledad, para cuando ella partiera no parara de andar por el miedo a no poderla encontrar.

Mi mamá me enseñó a soñar y a despertar para vivir en una realidad donde las cosas llegan cuando no paras de intentar.

Me contó que los corazones puros prevalecerán.

Me contó que no hay clases, no hay ropa, no hay lujos que puedan más que la bondad de un alma que no para de dar sin esperar más que agradecimiento personal.

Alejando tristezas

¡A despertar y luchar por los sueños! Hoy vamos a dejar las tristezas en la habitación, vamos a comenzar, vamos a salir y entregar la vida por lo que amamos.

Vamos a dejar a un lado todo lo que nos impide florecer, lo que atrae nuestras lágrimas, lo que atrae nostalgia, lo que se ha convertido en sinónimo del miedo.

¡Aprendamos del pasado!

¡Sonriamos al ayer!

¡Caminemos en el presente sin nada que temer!

¡No vivamos sin vivir!

Un regalo es existir, comienza a ser feliz.

¿Tu sueño? Sigue ahí.

Aún esperando que lo puedas cumplir.

Aún confía en ti.

¿Tú qué opinas? ¿Volarás? A través del mundo podrás, si no lo intentas, jamás sabrás si eras o no capaz.

Te presto pluma y papel, un borrador viene con él, es mejor borrar y comenzar aunque no quieras volver a fallar. Escribe tus anhelos y luego corre detrás de ellos. Borra tus tragedias, no te quedes en el dolor, presa de tu compasión jamás podrás encarar la decepción cuando tú misma no le dices adiós.

¡Levántate a luchar por lo que amas! El mundo está aquí, el universo te da razones, te roba suspiros, quiere hacer de ti el mejor ladrón, robarte la inspiración para que puedas animarte a escribir una canción que hable del comienzo de tu paz interior.

Oye tú...

¿Para qué tanto sufrir? El silencio se cansó de oír tu dolor, en esta mañana te anima a proseguir, levantarte y dejar de sufrir.

¡Un excelente día para despedir las tristezas! La vida se pierde en un pestañear mientras tus ojos inundados se han olvidado de nadar de tanto llorar.

Es mejor optar por volar
que quedarse en lo que te impide andar
y te ata al mar sin dejarte nadar.

Imperfecta utopía

Una utopía que quise convertir en realidad.
Un sueño que jamás pudo ser verdad.
La imaginación bailando el tango del oscuro corazón.

El pasar del tiempo fue apagando el amor.
El silencio mató las carencias que la costumbre creó.
El deseo fundió su motor.
Las diferencias dieron rumbo al dolor.
El olvido acudió, pero la nostalgia nuevamente su presencia concedió.

Nostalgia y olvido... Extrañar lo que no quieres forme parte de tu camino.

Extraño lo que pensé que eras...
Extraño esa persona que no existió y mi mente idealizó para dar paso a una historia "sin fin" que hoy murió.

Ya no quiero contigo.
Prefiero el sin ti.
Y si los recuerdos visitan mi habitación los recibiré sin rencor.
Ya no formas parte de lo que un día me dañó.
La presencia del adiós inundó mi corazón.
La esperanza apareció y una sonrisa en mi rostro surgió.

Te quiero y te querré, mas tus ojos no poseen la mirada que quiero ver.

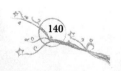

Animales

¡Los animales también tienen almas!
Nunca es demasiado tarde para tomar conciencia y entenderlo.
Los animales conviven con los humanos.

¡Compartimos con almas puras!
La convivencia perfecta está basada en el respeto.
Vamos a practicar ser respetuosos y dar amor en vez de aprovecharnos de
nuestra condición para lastimar por creernos superiores.

¡En el ego, nuestro mayor error! ¡No somos mejores si actuamos sin compasión!
¡Somos iguales en el lenguaje del amor!

Hermosa locura

¡Estamos aquí y nadie nos preguntó si nos interesaba existir!

¡Atados a la tierra se alejan de las nubes!

Marcan distancia con el agua; no quisieran probar nadar, prefieren por el suelo andar, sin saber ni siquiera hacia dónde van.

Unos pocos nadan en un mar de dudas, se ahogan entre preguntas. Valoran la efímera sensación de ser, aunque se depriman poco después por no poder entender.

¡Unos locos valoran las estrellas! Se quedan prendados a ellas.

Tan fugaz como un deseo que no fue, la ilusión de saber se alimenta y no hay nada que puedan hacer sino observar y sonreír por tener el poder de ver.

Los otros bajo los parámetros de la "normalidad" se quieren esconder. Creen que todo lo pueden saber, su conocimiento es tan relativo como el tiempo. Los maneja una sociedad que les exige cómo actuar y en su responsabilidad su pensamiento se limita cada día más.

¡Locos y cuerdos unidos por la línea del destino!

Su única semejanza es la época y el lugar en donde les tocó estar. Unos se apegan a los parámetros de la realidad mientras los otros se apagan por tanta verdad.

Nadan por un mar de color para desinfectar su corazón de las manchas que dejó el mundo de hoy.

Sueñan sin parar y quieren el universo revolucionar.

A través del pensamiento y de los sentidos; lograr construir un puro camino.

Los otros viven a través de las reglas... Se mantienen ocupados siendo ejemplares. Viven de la decencia. Jamás se atreverían a salirse de la línea de la moralidad.

Familia, casa, empleo... Sueños adquiridos para que su existir tiña el color del buen vivir.

Quimeras, ideas, creación, búsqueda constante, descubrimiento, pérdida, sombras, arte, esperanza y desilusión...

¡Los locos sufren más y les duele el corazón! Pero un instante de tranquilidad en la locura vale más que años de estabilidad sin felicidad.

Sorpresa inerte

No se puede predecir lo que va a ocurrir pero puedes sentir lo que está por venir.
No se puede tratar de definir pero veo tus ojos y quisiera descubrir cada silencio provocado para evitar decir, lo que atraviesa tu mente y te ayuda a vivir.

Evitar ceder: riesgo perfecto si se trata de querer.
Evitar el amor: estrategia fallida... ¡Vuelve a perder la razón!

Evita caer en la ilusión, otro sueño llegó, utopía ideal, nunca me ha gustado lo normal.
Otra mirada...Sorpresa inerte al temor.
Intermitencia de amor traducido en hechos que aceleran hasta llegar a la pasión.

Pérdida del control: Un problema cuya solución es no buscar entender. ¡No querer pensar en el después!
No comiences con "Había una vez"
Quiere sin saber... Mucho mejor improvisar que controlar todo para ganar.

 Los imposibles se van
cuando te sabes alejar de los problemas
que te impiden avanzar.

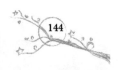

Para: La persona indicada
De: aquel que llaman destino

No sé quién eres... Sin embargo nadie más que tú puede saber en su totalidad lo que eres, lo que representas y lo que quieres ser.

Yo, sin saber quién eres me comunico con tu energía.
Quisiera hacerte saber que me alegra que existas.
Me alegra saber que leerás estas líneas y que aunque no entenderás... tal vez me regalarás una sonrisa en honor a la incertidumbre.
No tenemos todas las respuestas, queremos encontrarlas afuera pero están dentro. Adentro de tu alma un universo infinito de posibilidades. Dentro de tu alma imposibles pueden ser conquistados. Adentro de tu ser, la posibilidad de querer.
Solo tú puedes decidir si avanzar o quedarte en el rostro del ayer que te impide crecer. Yo confío en que lo lograrás. Confío en tus sueños y no sé cómo serán... pero si provienen de la pureza, ganarán y podrán volar de tu mano por un paisaje de paz.

La armonía de tu energía es capaz de sanar.
Lo que te atormenta podrías convertirlo en luz y nutrirte del dolor para resurgir por encima de cualquier situación.

Tienes la capacidad de soñar, no te dejes embriagar por la realidad. Aliméntate de tu soledad, encuéntrate y conseguirás la respuesta que necesitas para poderte levantar.

Eres esperanza.
Eres amor.
Eres inocencia.
Eres todo lo que quieras ser; solo escoge bien.

La bondad prevalecerá; aleja el mal y podrás contigo hablar. Sin sentirte solo, aprenderás a escuchar. Sin sentirte triste, podrás alumbrar otras almas que necesitan de ti para sanar.

Querido error

Te pido perdón por el odio contenido.
He comprendido la razón, viniste a ayudarme a sanar mi corazón.
Si no fuera por ti no estaría aquí, regalándome un minuto para pensar en mí.
Si no fuera por ti, no habría valorado jamás lo que hoy me invita a sonreír.

Me enseñaste que la vida no tiene un manual.
Gracias a ti comprendí que el límite es soñar y trabajar por construir lo que en tu mente vuela sin necesidad de dormir.

Aprendí que sufrir no es sinónimo de infelicidad; las cosas negativas te enseñan la sensibilidad de convivir buscando razones para del dolor poder salir.

Hoy agradezco a mi perfecto error.
La lluvia se lleva el antiguo rencor.
Y yo mando besos alrededor del sol.
¡Qué mi energía te toque hoy!
¡Ha llegado el olvido!
¡Gracias a ti lo he conseguido!

Nostalgia

¿Te he de extrañar? Me preguntan y no sé qué contestar...
¡A nadie le cuento que te extraño cada día más! Solo cuento que en sueños te vuelvo a encontrar y lo onírico me acerca a tu abrazo, en días de soledad.

Un café y un recuerdo.
Ciertas lágrimas no son de dolor.
Nuestra conexión me enseñó a sentir más allá de lo que puedes observar, oír y tocar.
Te siento al despertar.
Te siento cada noche antes de irme a acostar.
Te siento aunque confieso, me encantaría siguieras en este lugar.

Ciertas cosas debemos aceptar.
Ciertas cosas nos ayudan a mejorar.
¡No me quedo en la tristeza de añorar lo que por ahora no podré hacer regresar! Prefiero actuar desde aquí con las enseñanzas impartidas por ti. Son mi religión y mi forma de seguir.

Actuar con el motor de la ilusión. ¡Ser guiada por la luz del corazón! ¡Que el amor te inspire a no quedarte en el dolor!
¡Que la alegría te guíe a continuar por el camino que te llevará a brillar sin tener que a otros apagar!

Tu luz enciende mi voz. Y aunque no te puedo ver... Cierro los ojos y estoy contigo otra vez. Tu dulzura no se agota. Mi alma anhela tu alma. ¡Otra clase de amor! No se va aunque no tenga hoy tu calor.

Mi esperanza vive en la distancia y mi fe habita en tus enseñanzas. Podría contestar... ¡Te extraño hasta al respirar!
Pero me ayuda a vivir mejor, cumpliendo en tiempo récord mi misión para irte a buscar y con tu energía llenes el vacío de mi interior.

Te extraño en ocasiones donde tu risa podría hacerme sanar.
¡Acepto la realidad! Y escribo estas letras para olvidar aquella época donde tu

abrazo podía marchitar cada acción que mataba la alegría de mi corazón. Yo también tengo la fuerza para esperar. Por eso hoy te pienso una vez más, para continuar el viaje que he venido a lograr.

Mis errores, mi realidad.
Tu imagen es el vivo ejemplo: lo efímero puede transformarse en eternidad.
Compañía no es amor.
Amor es comprender que en la distancia se sabe querer.
Amor es no imponer y que el pasado te sirva para crecer y no para hundirte en lo que no puede ser.

Sin decirlo

Las palabras callan lo que sabe mi alma.

Las palabras en huelga se esconden en el silencio como traductor de un sentimiento.

Sin decirlo, puedes estar conmigo. Aun sin saberlo, puedo retenerte en mi pensamiento.

No puedo evitarlo; no conozco el color de tus sueños pero los míos te imaginan sin necesidad de saberlo. No conozco lo que anhelas al despertar pero quisiera ser parte de todo lo que aún no puedes descifrar.

En el quizás me quedé, no necesito de la certeza mientras tus ojos me puedan ver.

No necesito de lógica si en tus brazos me pierdo de vez en vez y aunque no sé si seré...

No sé si eres o si ya fue...Dudar puede ser acertar si te dejas llevar por los deseos que tu alma te incita a escuchar.

La eternidad en un beso escondió todo aquello que buscas en lo exterior. Una mirada puede decir más que trescientas palabras que quieren descansar. Por eso para el amor no hace falta derecho de autor. No es necesario revelar, es mejor encontrar sin buscar.

En las pistas, la incertidumbre de amar.

En el deseo lo que hace válido jugar.

Un juego que rompa las reglas de los enamorados.

Un juego que trascienda más allá de lo impuesto por los seres amados. Ir más allá del amor... Jugar y ganar es nuestra misión. Así no habría punto final para lo que hoy no sabemos si ha de empezar.

¿Y si jugamos una vez más? Quizás no te pueda olvidar.

Hay almas que están destinadas a encontrarse aunque los cuerpos las alejen de manera constante.

Hay almas que sin decirlo quieren amarse aunque la razón les impida escucharse. Hay almas que sin decirlo jamás podrán olvidarse.

En el silencio el desafío; la energía puede más que los corazones vacíos.

Hasta volvernos a encontrar...

Voy a lanzar botellas al mar con la esperanza de que el infinito logre descifrar los mensajes que para ti el agua guardará.

Hasta volvernos a encontrar...voy a gritar preguntas al viento con la ilusión de saber cómo aprender a vivir sin tener la sonrisa que me hacía comprender que cada crepúsculo es un arte que te invita sonrisas sin nada a cambio querer.

Hasta volvernos a encontrar...descifraré tu ausencia en las estrellas. Te encontraré en la lejanía de cada una de ellas. Que dan belleza en la distancia; que dan luz entre lo efímero; que dan paz si aprendes a amar aunque sepas que se irán con la llegada de un nuevo amanecer. Y entre la lluvia no las podrás ver aun sabiendo que estarán si eres capaz de cambiar ver por observar.

Hasta volvernos a encontrar... ¡Prometo jamás dejarte de amar! ¡Prometo ser capaz de abrazar tus recuerdos! ¡Escribirte versos! Y al perderte en instantes no perder mi esencia que no es mía ¡Es tuya! Aunque el silencio acuda y mi alma llore por una presencia que añora y que no estará hasta volvernos a encontrar...

Te pierdes en mis actos, te escondes en mi risa, vives si te pienso con tu mirada pura, con esa locura que alienta a seguir solo si encuentran un motivo por el cual existir.

Hasta volvernos a encontrar... serás mi motivo que no se quiebra aunque te extrañe, y prefiera esa vida en la que tus besos curaban mis heridas. Y tu amor siempre ganaba mis partidas en la lucha por comprender este mundo de imperfectos, queriendo cambiar las tristezas por alegría, para darle paz a todas las vidas.

Hasta volvernos a encontrar serás mi sueño de noche y mi esperanza de día.

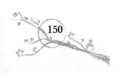

Secreto de la soledad

¡No me conviertas en tu enemiga!
¡Acéptame y te enseñaré
que para volar no es
necesario una compañía adoptar!
Te enseñaré a quererte
para querer y no habrá
nostalgias por no saber
convivir con lo que llevas
dentro de ti.

La Vida entre mis Dedos.

Comienza el viaje

Tu corazón aún no está preparado para otra historia de amor. Necesita tiempo para encontrar el color con el que pintará su próxima ilusión.

La vida te espera. ¡Empieza a andar! No te detengas por anhelar más. ¡Todo te lo da! No tengas miedo de avanzar.

Hay muchas formas de amar si tienes paciencia lo descubrirás. Tómalo con calma, despacio y valorando.

Trabaja en tus sueños. ¡Cree en ti!

¡Alégrate y empieza a creer!

¡Es tu momento! Es el segundo para tu próximo encuentro que será únicamente con tus pensamientos.

Aborda el viaje. ¡No lleves el pasado de equipaje!

Saluda al viento, envíale un beso y sigue sin prisa y sin miedo que este instante se convertirá en el mejor de tus recuerdos.

¡Valora antes de extrañar!

No te detengas y empieza a caminar. Que el sol alumbre tu alegría y la lluvia limpie todas las tristezas que llevas retenidas.

Líneas inadvertidas

Eres la ilusión que no quiero tener y sin embargo hoy te pienso sin quererte retener.

Eres esos labios en los que me gusta ceder aunque poco después me pierdas y no sepas qué se siente poder –mi atención– mantener.

Eres inspiración, a veces como hoy, tienes mi atención. Quizás luego me voy pero en el ahora me gusta soñar con el recuerdo de tu voz.

El perfume de la esperanza que dejaste, aún se mantiene intacto con mis ganas de imaginarte para poco después volver a tocarte.

Eres en lo que me gusta creer aunque no entienda tu libertad; me gusta observarte volar.

Eres lo que quiero sin querer y aunque hoy no entienda el porqué... Con un beso me enseñas a aceptar sin cuestionar hasta que dure el tiempo de amar.

Quizás eres mi peor error... Hoy soñaré con la efímera alegría de no querer la eternidad. Valorar el instante que te regala utopía en vez de contaminada verdad.

Quizás nuestra historia dure hasta hoy... en ese caso diría: Fuiste el mejor capítulo de mi ilusión. Estos versos en recompensa te doy... Sin enviarlos llegarán. El viento se encargará.

¡Un suspiro de bienvenida! Una carta pasa desapercibida.

¡El silencio como mejor versión para definir lo que es nuestra complicidad convertida en líneas inadvertidas!

¡Piérdete!

Piérdete una vez, si servirá para encontrarte piérdete más. Si servirá para ayudarte, no temas del error. Que el fracaso no otorgue de resultado dolor.

Piérdete para sanar, que tu proceso te ayude a encontrar todo lo que hoy esperarás antes de irte a acostar. Sin saber qué buscar a la hora de tratar hallar, ¡despiertas perdido una vez más!

¡Piérdete! No pienses en el resultado final.

Tu presente te da regalos solo tienes que aceptar, observar, sentir y escuchar.

No trates de forzar el equilibrio. ¡Te lo das! Aunque hoy pienses que ciertas cosas haces mal. En el error construyes el futuro éxito. En los diferentes caminos que te conducen mientras piensas estás perdido; encuentras todo lo que hasta ahora no habías conseguido.

¡El equilibrio llegará! ¡Quizás el equilibrio ya está! Empieza a percibir y sabrás qué quieres buscar. Cuando menos lo esperes el resultado será ganar con una diferencia; nadie más perderá para que el éxito te visite y no se quiera marchar.

¡La vida es una obra teatral sin ensayar! ¡La perfecta improvisación que sale mejor si escuchas tu instinto sin olvidar tu razón! ¡El universo te da regalos! ¡Un viaje liderado por los sentimientos! ¡Escoge ser el amante perfecto!

Valora la situación, no dejes a un lado el perdón.

¡Eres un ser precioso! En tus defectos la perfección.

En los detalles de tus acciones el valor de tu corazón.

Saber escuchar

Cuando nos damos cuenta que otros también quieren expresar.

Que otras ideas vuelan queriendo a tus oídos llegar.

No se trata de tus palabras solas; nadar en un mar de silencio que impones para hacerte notar.

No se tratar de callar las voces que vuelan alrededor de ti, transmitiendo una idea que te haga sentir.

La política no se trata de fingir, se trata de encontrar la forma de unir.

Encontrar la manera de compartir ideas sin excluir. El mundo podemos cambiar si aceptamos lo que nos dicen aunque no sea lo que queremos encontrar.

El mundo podemos mejorar si ayudamos entre todos entendiendo la diversidad de pensamiento y compartiendo el conocimiento.

Fusionar hablar y escuchar es la receta perfecta para evolucionar.

Poema del amor vacío

Ya tú no la quieres, ya tú no la amas.
¿Qué haces con ella en la cama?
Ya tú no la quieres, ya tú no la amas.
¿Por qué finges estar enamorado?
¿Miedo a la soledad?
¿Estabilidad?
Ya tú no la quieres.
Ya tú no la amas.
¿Por qué aguantas?
¿Por qué callas?

Ya tú no la quieres, ya tú no la amas.
¿Por qué fingir mientras el tiempo te arrastra?
El sentimiento se agota, la vida se te pasa.
Y sigues sin decidir por miedo al porvenir.
Ya tú no la quieres.
Ya tú no la amas.
Cupido está molesto porque sigues con la persona errada.
Rompiendo las reglas del destino, te alejas de tu futura amada, tu corazón en silencio, espera atento a que funcione tu conocimiento.
Tus sentimientos muertos, esperan la llegada de un verdadero beso liderado por el encuentro que no llegará a menos que escuches al viento.
Ya tú no la quieres.
Ya tú no la amas.
Que la distancia marque el olvido, que sus huellas se pierdan por otro camino.
Sigues perdido, en un laberinto que tiene nombre y apellido.
Liberarse de las historias para surgir, decir adiós para poder conseguir en un roce el delirio de querer, que no podrás tener ni en mil noches con esa mujer.
Palabras huecas, besos vacíos, abrazos que se pierden por la carencia de un suspiro.
Ya tú no la quieres.
Ya tú no la amas.
¿Qué haces con ella en tu cama?
¿Te engañas tú o engañas a tu almohada?
Que anhela una presencia que te de sueños y no lágrimas desesperadas.

Calle alegría

Me fui a ser feliz, encontré el placer en sonreír.
La calle tristeza no es para mí, olvidé la dirección, ya no sé cómo llegar.

Sin intentar recordar, prefiero habitar en la calle alegría donde se disfruta al suspirar.
Volando en una nube mi imaginación, a través del inicio de mi nueva creación.

Sonrisas constantes viajando alrededor del sol. Un arco iris de fascinación, con emoción contemplo el cosmos y su esplendor.

En la Av. del amor, cada semáforo invita al perdón. –Cruce con la calle armonía–, por favor; le dije al conductor.
Me encontré en un laberinto de susurros que comentan maravillas solo concebidas por almas que agradecen por la vida.
Decidí caminar hacia donde el tiempo no marca el principio ni el final.
Lo efímero y lo eterno se hacen compañía donde el reloj no tiene cabida.

La autopista esperanza me invitó a conducir, en bicicleta decidí asistir.
En el cielo el pasado puedo observar, son pedazos de mi ser que jamás podré olvidar. No me impiden crecer, están en sincronía con mi nueva forma de ser.

Pasado, presente y futuro... ¡Completa simpatía!
Se complementan en el viaje de la alegría.
Pasado: envuelto en recuerdos traducido en experiencias.
El presente es valorar, cada instante disfrutar.
El futuro es el quizás, depende de ti el encuentro que tendrás.
La calle esperanza me acogió, con un tácito beso, a través del viento me llevó.
¡El silencio tuvo su ocasión en la calle transición! Me enseñó que el dolor también habita en el lugar, pero se puede superar, si entiendes que jamás habrá luz sin oscuridad.
Mi última visita en la calle realidad, cada etapa te anima a avanzar. Aquí los obstáculos se han de atravesar para seguir andando por la felicidad.

Despidiendo el sol

El corazón lo escondía en un recoveco del temor.
Su ilusión caminante no encontraba emoción.
El tiempo volando no concebía la falta de acción.
La vida entre pausas buscaba ocasión.

Entre huellas cambiantes se ocultaba el amor.
Entre distancia y olvido moría una flor.

A pie del destino se dormía el ocaso despidiendo el sol.
La asiduidad del dolor, le impedía concebir que partir forma parte crucial de vivir.

La soledad entre escombros,
reducida en tristezas,
mal concebida pierde su pureza,
su tácito abrazo esconde bellezas.

Si su premisa es huir por temor a sentir, perderá descubrir que intentar es fluir.
Su esencia desploma, el desgano arrebata su aroma.
Se desmorona la pasión en una mala jugada del corazón.
¿Dejar ir es morir? Su cuerpo sin cura, no quiere seguir.
En el cielo una estrella, en el mar una vela. Ella sigue sin querer caminar porque el pasado no quiere acompañarla a andar.

El tiempo es crucial, no lo dejes pasar.
La vida es continuar, no estés presa de tu realidad.
¡Sentir es crear! ¡Confiar es sanar!
La nostalgia impide observar, en el error se puede avanzar.
El amor como expresión se convertirá en solución, mejorará tu visión y sanará tu ilusión.

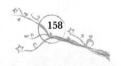

Lo invisible

Creer sin ver; arriesgarse a perder; perderse para poder crecer; olvidar sin temor a recordar; experimentar la vida con pasión; alejar la razón del rol protector.

Amar sin razón.

Vivir al límite.
Caerse una y otra vez.
Seguir amando, no esperar al después.

Conquistar imposibles; fabricar sueños; renacer.

¿Rutina? Miedo a salir de la zona de confort. Temor al vendrá sin saber si valdrá la pena intentar. Esconderse detrás de lo conocido por temor a encontrar y no querer regresar.

Quedarse en un amor fallido por no querer valorar la soledad y aprender que sin guion se vive más y mejor. Dejarse llevar solo por lo permitido sin escuchar los sentidos aunque te lleven a otro mejor destino.

¿Y tú? ¿Prefieres un sueño que puede hacerse real o vivir una realidad vacía de libertad sin esperanza de poder volar?

No todo está mal, las cosas pasan en el momento exacto en el que debían pasar. Si tuviste un mal día, pasará.

Si sientes que nada mejorará, no te preocupes, cuando menos imagines, otro cambio llegará.

Lo que hoy te daña, mañana será parte de tu paz.

¡Eres el universo! ¡Formas parte de la majestuosidad del silencio!

¡Eres las respuestas a las preguntas que formula el tiempo!

El pasado que te hirió y las enseñanzas que te dejó; los momentos hermosos que te brindó.

Tu sensibilidad te dará, lo que necesitas para brillar. ¡Tu sensibilidad te apaga pero no dejas de alumbrar!

Consigue el equilibrio y todo lo podrás lograr.

Aléjate de los vicios; que tu voluntad pueda más.

Si la tristeza te seca; llénate con sus lágrimas y luego una sonrisa te cubrirá.

Vive el presente, disfruta el ahora. Cada error lo debes valorar, no te arrepientas más...

¡Experiencias disfrazadas de equivocación! Sé feliz por lo que pasó... aunque hoy pienses que el fracaso te visitó.

Silencios asesinos de anhelos

Algunos silencios callan para matar anhelos.

Las palabras guardadas se acumulan como nudos en la garganta; como suspiros llenos de carga; como amaneceres con causa pero sin nombre.

Las palabras sin decir ahogan al alma como sentimientos ahorcados que no dejaron nacer. Las palabras guardadas bajo llave invaden al pensamiento en noches tristes, haciendo de la soledad una insoportable compañera.

Los sentimientos que quieren volar y convertirse en palabras, pero se quedan con nosotros...viven de la nostalgia de añorar los indicios de algo que no pudo suceder.

Las palabras no dichas se sumergen en mares de incertidumbre, de inquietud y de apatía.

Lo peor, callar por cobardía. Las palabras cobardes saltan a través del pensamiento hasta enfermar. Saltan cansadas de tanto andar, de tanto querer hablar y estar calladas nadando atónitas en la amargura de algún temor, que las opaca hasta silenciarlas por completo.

No hay nada peor que un "Te amo" no dicho.

Una simple palabra que describe una gran cantidad de amor silenciada por prevención, por no estar fuera de ocasión, por no querer dar lo mejor y entregar por completo el corazón en una acción.

Callar un te amo es como matar directamente una ilusión. Callar un te amo después de la espera, y silenciar un amor que se extingue por orgullo o muchas veces por falta de valor.

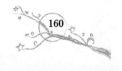

Proceso interior

Esquinas vacías, recuerdos rotos, memorias con nostalgia, silencios con espinas, esperanza abandonada, sonrisa huérfana, experiencia marchita, corazón en el olvido...
Suspiros que se esconden detrás de una lágrima.
Felicidad que nada en el mar de la desesperanza.
Vida que olvidó ser vida para quedarse atada a una vieja herida.

Una noche ocurrió... Después de tanto desasosiego decidió escuchar a la razón. Un impulso y atendió el llamado de su corazón. Otra gota de alcohol, por fin salió del lugar donde decidió ocultar la traición.
Se cae, se levanta. Sin saber ya está volviendo a intentar aunque cada caída lo rompa más.
Una mañana se sintió amado, sin tener a nadie a su lado. Sus seres queridos lograron su cometido pero fue él quien permitió cumplieran su objetivo.
Todo sale bien... ¡Vuelve a ceder! Otra herida al corazón.
¡Regresas a tu habitación! El tiempo pasó... de tanto perderse por fin se encontró. Nadie confiaba en su voluntad, él sabía que era el comienzo de su realidad. Sus miedos enfrentó; la soledad en su amiga se convirtió.
Ahora no busca querer para poder ser, ahora no persigue al amor...
Si ocurre tenía que suceder y si no; otra ilusión vendrá pero no será él quien se siente a esperar.
La felicidad encontró su lugar.
Su sonrisa no se escapará y su ahora le regala sueños que es capaz de conquistar. Demostrando una vez más que perderse le sirvió para hallar su lugar.

Emociones

¿Soledad? Aliada perfecta para poderte encontrar y aprender a amar.

¿Odio? Esperar más de lo que te dan. Rencor al no aceptar que no solo hay una verdad.

¿Amor? Sentimiento capaz de hacerte volar. Ganas de envolverte en la esperanza y olvidar lo que en el pasado te hizo mal. El amor es el sentimiento que prevalece. ¡Qué no nos venza la maldad! Amar sin condición siempre será la mejor cura para el dolor.

La libertad que anhelas te la puedes dar.

¡Conócete y veras que todo lo que buscas el universo te lo ha de otorgar! Los problemas estarán... solo tú tienes la clave para poderlos solventar.

Confía. ¡Yo confió en ti! Pero para poder hacerlo, comencé por confiar en mí.

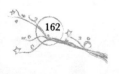

Magia

¡Es fácil creer en lo que no puedes ver! Cegado de realidad te cuesta observar. Si crees en la muerte, todo lo demás puede ser verdad.

No todo lo podemos probar pero nuestro interior revela "imposibles", que ni la ciencia podría evidenciar. Nos controla la sociedad, los medios, la política, los parámetros que debemos seguir para poder convivir.

Nuestra alma va más allá, lo que representamos puede callar todas las voces que quieran enmudecer nuestra verdad.

Lo que quieras lo puedes lograr. Cada paso que das es un aprendizaje aunque te niegues a aceptar que la magia está en cualquier lugar; se esconde detrás de cada error; vive en cada uno de tus sueños y visita tus miedos.

Si fallaste, creciste.

Si volviste a intentar, aprendiste.

¡Aunque vuelvas a fallar conseguirás la forma de poderte levantar!

Los animales, la naturaleza, los humanos. ¡Todos juntos conviviendo! Y nuevamente visita la maldad; algunos se aprovechan de su condición creyendo ser más.

¡En la humildad, la pureza hallarás!

La muerte callada nos espera, no sabemos cuándo vendrá, nos asusta y tratamos olvidar que no la podremos evitar.

Mágico no saber cuándo nos tocará partir.

Mágico no tener la certeza de siempre estar aquí.

Mágico sentimiento efímero y aún esperamos lo eterno.

Es hora de disfrutar sin pensar en eternidad.

Es hora de valorar sin temor al final.

La noche y la luna

La luna guarda los sentimientos.

La luna calla nuestros secretos.

La luna nos acompaña en nuestras victorias y en nuestras derrotas.

La noche nos presta el silencio para amoldarlo a nuestros versos sin que deje de ser silencio.

La luna espera paciente por algún beso que la haga sentir en compañía y la aleje de las tristezas que transmiten todas las vidas.

La noche se aferra a la alegría de las sonrisas que comienzan en miradas.

La luna mantiene la esperanza del amor aunque la carguen de tanta desilusión.

La noche son dos miradas que se encontraron para separarse pero no lograron olvidarse.

La noche se fusiona con las sombras; con los oscuros pensamientos. Con los corazones desmedidos que ya no quieren amar y rechazan sus sentidos.

La luna manda su luz para opacar la oscuridad; alumbrando todo de manera fugaz.

La noche aún no decide si prefiere el encuentro o la despedida. Es cómplice del olvido; es amiga de la bienvenida y con celos ambos se pelean por tener que compartir su atención.

La luna y la noche son dos viejos enamorados que juraron amarse sin fin y se despidieron por no saber mantener el para siempre que prometieron poseer, sin libertades no pudieron seguir, la separación fue el indicio del fin de aquel querer.

Después de ser dos enamorados ahora mantienen gustos por separado, pero se encuentran una vez al día para jugar con los amantes que creen todavía.

¡Una palabra para sanar el dolor!

¡Una sonrisa para construir los sueños rotos!

¡Una mirada sincera para dejar a un lado el pasado y volver a comenzar!

Cuando piensas que todo ha terminado, que ha llegado el fracaso y con él, la desilusión...

Un buen abrazo es la solución.

Una palabra para sanar el dolor.

Desahogarte con quien no te juzga y quiere ver feliz tu corazón.

¡No hay medicina para apagar la oscuridad! La felicidad de quien te quiere puede ayudarte a brillar, sin olvidar tus miedos, animarte a convertir en luz lo oscuro que te persigue y quieres despedir.

El dinero puede darte distracción, sin embargo no curará las heridas que te hacen sufrir hoy. Conseguir la felicidad que hay en ti para decir adiós a lo malo que te impide seguir.

En ti puedes conseguir lo que necesitas para vivir. Tu momento para olvidar tristezas está por llegar; eres tú quien decide si recibirlo o seguir con lo que te impide avanzar.

Nadando por un mar efímero quieres tropezarte con la eternidad, busca en tu alma y la hallarás.

En ti puedes lograr encontrar paz si sonríes por existir; si valoras lo que tu tacto puede percibir; si tomas en cuenta los regalos que el universo te da; si te detienes a escuchar; si saboreas la hermosa realidad... ¡Llegará la felicidad!

Sonríe...

¡Apuesta por la alegría!

¡Solo así podrás curar tus heridas!

Nuestro hogar

Podemos irnos del país buscando nuevos sueños.

Podemos culpar a la política del deterioro de cada ciudad.

Podemos desligarnos de la verdad: Nuestro hogar es la tierra y nuestro cuidado puede hacerla sanar.

La conciencia que tomemos puede representar los cambios que aún no están y quieren llegar. Un papel en la calle contamina nuestro hogar.

No es limpiar el techo que te da paz, es meditar, sin el planeta no tendrías casa dónde reposar. Te tomas el tiempo para que todo esté en su lugar, tu casa siempre limpia, la cuidas, la estimas porque es tuya y te da estabilidad.

El planeta necesita ayuda y muchos se creen poco para tratar. Colillas de cigarro que tiras sin reflexionar. Playas hermosas cubiertas por basura que dejaron los que fueron a visitarla, para disfrutar.

Árboles cortados, los necesitan los humanos cada día más y sin embargo, ya casi nadie se toma el tiempo para plantar. No nos podemos mudar de planeta; es nuestra verdadera casa.

No hay otro sitio dónde huir cuando las cosas no estén bien por aquí. Los humanos son la destrucción del universo por falta de razón.

Es tiempo de usar el corazón.

Es tiempo de ver más allá.

La tierra nos regala amaneceres llenos de paz; nos regala noches cargadas de sentimientos. Nos da sus bosques; nos da sus playas; nos otorga el crepúsculo; nos concede la posibilidad de visualizar la luna. ¿Qué le damos nosotros? Cortamos sus árboles, arrancamos las flores, construimos sin parar. Quemamos sus montañas; dañamos sus playas.

Es hora de agradecerle por darnos hospedaje sin nada a cambio esperar.

Entre todos podemos crear.

Entre todos podemos hacer algo para mejorar nuestro hogar.

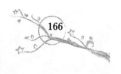

Los imposibles se van
cuando te sabes alejar de los problemas
que te impiden avanzar.

Regálame una sonrisa

Te lastimaron, dolió.
Lastimaste, no fue tu intención.
Tu sonrisa se difuminó, los problemas de la vida fueron tu única preocupación.
¡Pensando en el pasado no es bueno vivir!
¡Regálame una sonrisa y ayúdame a sobrevivir!
Tu presencia en el mundo es el misterio que me incita a creer en cosas que no puedo ver.

Tu misión es la labor que viniste a cumplir... Los imposibles se van cuando te sabes alejar de los problemas que te impiden avanzar.

No tomes nada personal. Tus ojos no se hicieron para llorar ni tu corazón para preocuparse por lo que otros pensarán.
Regálame una sonrisa, la expresión de la felicidad. Me quedo prendada en tu mirada, tu sonrisa me dice que estás cansada. Tu sonrisa habla de ti, aunque ha sido duro, tus sueños no dejarás ir.
Eres valiente para sonreír. Aunque tus ilusiones murieron, tu presente trae consigo la esperanza, nuevas ilusiones nacerán, y con ellas tu felicidad.

Si el pasado te causó algún mal, es el momento para dejarlo atrás.
Si el futuro te asusta, te ayudaré a no imaginar lo que vendrá.
Mi presente en tu sonrisa vivirá, confío en que lo lograrás.
Confío en que un día esa sonrisa que es tuya, quizás me la regalarás.

Hoy me conformo con verte sonreír, pensar que es para mí y aunque lejos de la realidad esté, me alegra verte así, sonriendo por existir.

Regálame otra sonrisa...
Aunque no me encuentre para observarla.
Yo te regalo mis letras, te regalo mis ganas.
Te regalo una carta, te regalo mi almohada.

Y si te regalo mi ausencia, no es por no adorar tu presencia. Seguramente debía partir, cumplí mi función de verte sonreír y me corresponde dejarte ir.

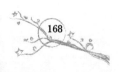

Regresaré con mi felicidad para otorgarte una parte de mí. Para encontrarme con lo hermoso de verte reír, pero no sabemos el futuro, por ahora estoy aquí, y lo único que deseo es tu sonrisa para poder yo también sonreír.

Filofobia

Temor al amor...
En algún momento alguien lastimó tu emoción.
Tu tiempo se perdió y tu armadura se fortaleció.

Temor a caer...
No arriesgar por miedo a encontrar.
No arriesgar por miedo a volver a intentar.

El amor toca tu puerta...Decides no abrir. Sin embargo, se mantiene cerca de ti.

La distancia la marca tu olvido que quiere mantenerte lejano y no caigas por descuido.
Te alejas del amor pero es lo que anhela tu corazón. Corres en otra dirección callando el indicio de una nueva ilusión.
Tus sueños te envían pistas del camino, tu razón despierta queriendo no volver a ese sitio perdido, en donde eres vulnerable con un suspiro; en donde una mirada regala besos y te vuelves débil al ser adicto al placer de sentir, otra vez.
No pretendes querer pero una nueva historia ha de aparecer. Aún no la puedes ver...
Amar en libertad y sin embargo, respetar.
En tu camino una luz te observa y Cupido lanza sus flechas...

Lo que te lastimó se esfumó, tu hoy se viste de rosas y canta una canción. Pierde aquel corazón que no quería saber más del amor.
Gana un corazón que esperó y sufrió pero un día lo consiguió:

El tiempo del amor es perfecto, por eso lees esto hoy.

Prejuicios

Hablar sin entender, opinión sin la certeza de saber cómo ocurrió lo que tus ojos ven.
La palabra utilizada como arma mortal por aquellos que no saben observar.
¿Qué hay detrás? Detrás de cada crítica, detrás del individuo criticado.

El karma acudirá para aquellos que se ríen con maldad, de las adversidades de otro ser que lidia con sus fantasmas y con tus prejuicios también.
Es mejor callar, si de tu boca nada agradable podrás sacar.
Es mejor aprovechar las ventajas del silencio, a veces trae consigo paz.
No hables sin saber qué consecuencia tus palabras traerán para aquellos que por alguna razón forman parte de tu burla el día de hoy.
Criticar por criticar, sentirse grande, mientras destruyes, sin parar. Ir por la vida buscando un error para divulgarlo.
¿Explícame cuál es tu función? Aún no entiendo el papel que quieres ejercer.
Las personas que lastima tu voz tienen su guerra interna, no necesitan de tu atención.
Una palabra de amor, puede curar todo el dolor. Un gesto, una acción, un detalle, tal vez un noble corazón...Eso sí cambia las vidas, transforma el mundo.

Mientras, los prejuicios vuelan alrededor del mar hay quienes los escuchan y alimentan la cadena de la maldad.
Muchas vidas que podrían estar en sintonía se sustentan del odio por cobardía.
Desde lejos hablar mal es fácil, desde cerca deducir es difícil.
Criticar para los cobardes, aceptar para los valientes. ¿Quién escoges ser?
Te propongo, tender tu mano y tratar de entender aunque no comprendas las acciones del otro ser.

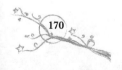

Última equivocación

Cada vez que se perdían estaban más cerca de encontrarse.
Sin saberlo con cada error, estaban más cerca de conocer el amor.

Hasta que, en la última equivocación, se encontraron los dos.
Cupido tocó la puerta de la razón y la historia definitiva llegó.

¡Tenía que pasar!
Aprende de tus pasos; no te juzgues más.
Si caíste, fallaste o te fallaron... ¡Tenía que pasar!
Solo tú sabes la verdad; solo tú conoces lo que eres y serás.
Solo tú te puedes juzgar pero no lo hagas demasiado te puedes cansar y un buen día dejarás de brillar.
Mejor conócete más, apréndete a querer y si algo no te gusta de ti puedes cambiarlo poco a poco mientras sigues transitando.

Mi religión

Mi religión es creer que lo puedes alcanzar.
Mi religión si algún nombre le he de otorgar, es demostrar que en ti hay el valor para lograr todo aquello que quieras alcanzar.
Mi credo será tu voz.
Mi iglesia es tener la esperanza suficiente para creer y un buen día hacerte comprender, la sabiduría interna perdura más, el aprendizaje a su tiempo llegará.

Tu proceso tendrá lugar, no lo fuerces, vendrá.
Creo en ti sin importarme en qué creas.
Creo en ti, no importa si no crees que haya algo más allá de este hermoso lugar.

Me gusta imaginar que nos volveremos a encontrar por eso creo en tu piel, creo en tu bondad, creo en el aroma que irradias cuando estás y en los recuerdos que me dejas cuando te vas.

Creo en tus ojos...
Me habla tu mirada.
Eres un ser perfecto.
Sin prototipos, sin comparar.
Eres único y tu energía me hace relumbrar aunque hoy imagines que está dormida tu luz y que no podrá despertar.
Creo en tus labios, expresan tus palabras. Ideas que quiero escuchar aunque muchas veces no sea el momento, ni el lugar.
Creo en tu argumento, aunque me desconcierto cuando sales de mis pensamientos. De igual forma, eres un ser perfecto.
Creo en ti... Por eso te escribo estas letras. Tampoco yo sé vivir. Sin embargo, me encanta estar aquí y haberte conseguido para existir. Si tu rumbo se pierde, si te vas, si jamás quieres regresar; no importa un quizás, no necesito la certeza de un vendrás.
Sé que encontrarás, eso que te hace volar hacia otro lugar.
Instante ideal para reflexionar.
Mi sinónimo de religión lo encontré en tu interior solo con imaginar que pudiste encontrar tu motivo para sonreír.
Y si crees que esto no es para ti, si imaginas que estas letras y tú no deben coincidir...
No importa en lo que creas... ¡Yo creo en ti!

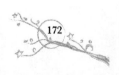

Secreto del cielo

¡No pierdas la esperanza!
Que la religión que escojas
no sea por imposición,
deja que te la dicte tu interior.
¡Sé lo que quieras ser!
No regales tus alas
por miedo a caer.

La Vida entre mis Dedos.

Tu lugar

Quisiera ir ahí, no sé si la noche forma parte de tu vida o si vives en la noche y te alejas de la luz de cada nuevo día.

No sé donde estará, quisiera llegar, poderte tocar.

No sé si se ama allá en donde estás... Pero mi amor por ti bastará para en su momento poder llenar de amor tu lugar.

No sé si aún me puedes amar, pero mi amor bastará para recordarte lo que es imposible de olvidar.

Aún te siento y te recuerdo al despertar.

Aún por las noches sueño con volverte a encontrar.

No sé si allá donde estás se puede lastimar.

En donde me dejaste para aprender, es el pasatiempo favorito de los que no saben querer.

No sé si el dolor no forma parte de tu interior, me enseñaste que tu alma está llena de amor. Cada dolor me recuerda tu voz. ¡Efímero sentimiento tranquilizador que borra cualquier indicio de dolor!

En tu lugar quizás puedas cantar...

Quizás tu alegría ayude a muchos más.

Aún me ayudas en mi intento de lograr el objetivo de mi vida por el cual no estoy allá.

Aún sufro por no poderte alcanzar pero las sonrisas llegan... Nos volveremos a observar y si en tu lugar el cuerpo no puede llegar, mi energía te reconocerá y jamás se apartará.

Si debemos volver a este lugar donde, sin ti, intento mejorar...

¡Te volvería a escoger! Espero que tú también, me escojas para venir y emprender un nuevo aprendizaje con tu querer.

No me quieras con desgano

No me quieras, sin ganas de quererme.
No me quieras, sin saber comprenderme.
No me quieras sin amor, la compasión jamás se enamoró.

No me quieras con tu razón, para amar se necesita la locura de la pasión. No me quieras con frialdad, arriesgar es ganar.
Quiéreme con impulso. Quiéreme sin control.
Quiéreme sin pretender robar mi corazón.
Déjalo conmigo y te podré amar.
Acepta mis errores y te podré enamorar.
No trates forzadamente amar, déjate llevar que si no sucede, no debía pasar.
Valdrá la pena intentar que me quieras sin pensar en el ayer.
Quiéreme pensando en mis ojos, siente el instante antes que esté ausente.
Quiéreme sin condición...

El verdadero amor es querer hasta cuando el odio enmascarado te impide ver.
Respeto para comprender que lo que de verdad se ama nunca se va a perder.
Queda en el alma y roba sonrisas aunque no estés presente para poderlas ver.

Quiéreme así, sin entender por qué.

Acepto

En el intento, el éxito. Aunque a veces me pierda por no saber discernir mi existir de otro vivir que ya no está aquí.

Acepto el riesgo de ser diferente, demostrar día tras día el valor del alma lejos de las apariencias que nos engañan.

Acepto haber amado.

Acepto haber pensando en para siempre y terminar sin siquiera a mí tenerme.

En el encuentro casual, la felicidad.

En la armonía; la paz.

En la rabia el entendimiento de la realidad que luego lograrás recobrar. Noches tristes; lágrimas, insomnio... Pensar que todos estamos aquí y sin conocernos podemos aprender a vivir.

Alegría, sonrisas y locura...

Prefiero una existencia con desnivel que vivir en la estabilidad de no saber ver.

Acepto conocer mi espíritu.

Acepto mis vacíos.

Acepto mi fortuna.

Acepto mis sueños.

Acepto crear cada día más...

Acepto mis preguntas aunque no llegue a las respuestas.

¡Me acepto! Y acepto este preciso instante en el que escribo no solo para mí, sino también para ti.

Acepto que me leas, agradezco la conexión. Me gusta que sin conocerte puedas sentir mi voz, a través de palabras, conoces mi interior.

Agradezco la fusión de mis sentimientos con tu realidad; así que si leíste esto, no es ni será casual.

Querido presente

Gracias por enseñarme a perderte para recordarte con nostalgia ya siendo pasado. Discúlpame por no valorarte, en mi proceso no te veía tan distante hasta que no eras parte de mi instante.

Gracias por enseñarme que el futuro no es exacto; lo construyes con cada acción de tu hoy. ¡Gracias por la lección! El pasado no volverá, el futuro aún no sabes si pasará. Ahora te siento, te valoro, y te alimento con sonrisas y energía para que seas mi mejor compañía.

Cuando pases de nuevo a ser mi pasado y seas parte de mis memorias no te observaré inalcanzable, serás experiencia y te recordaré como mi mayor aprendizaje y sobre todo... ¡Como mi mejor lección!

¡Gracias presente!

Hoy te poseo en mi mente, me gusta el tiempo en el que sonrío sólo por tenerte.

Sin contratos

El amor se aleja de los contratos...
Tratan de encerrarlo en la costumbre, como que si quitándole las alas podría perdurar. ¡El amor se agota cuando se deja de soñar!
El amor no espera a que lo vayas a buscar...
Él te observa.
Él te analiza hasta que estés preparado para amar.
Él aguarda para poderse acercar y con un beso hacerte volar.
El amor vive en las equivocaciones. En los corazones rotos, en las desilusiones.

El amor está; jamás se irá.
Deja de buscar... El amor no necesita que lo trates de encontrar. Disfruta los silencios, valora la amistad.
Piérdete en mis versos, no fuerces amar.
El amor de verdad prevalecerá, aunque las dudas del pasado, te hagan ignorar, en cada sonrisa, en cada lágrima, y en cada esperanza... ¡te habrá de encontrar!
El amor se construye, el amor se respeta.
El amor cree en ti aunque hoy pienses que su verdad sigue lejos de tu realidad.
El amor aparecerá de golpe cuando te aprendas a amar de verdad. Cuando dejes de buscar en el exterior la eternidad que habita en tu interior. Cuando te sientas en paz estando en soledad y no necesites a alguien para complementar las carencias que no se van. ¡No busques en alguien lo que no siembras en ti!
¡Sentir y construir!
Deja de fingir, querer por querer es esconderte de ti.
¡Comenzar y aceptar! Otra sensibilidad, otra vida para amar.
¡El amor vive en tu corazón y eres tú quien escoge amar de verdad o jugar para tratar de ganarle a la soledad que jamás se equivocará!

No hay culpables

En el error el aprendizaje, en el aprendizaje la experiencia.
En las equivocaciones, la sabiduría.
En los momentos, la eternidad.
Cuando te dejas de culpar, cuando empiezas a visualizar que el tiempo es perfecto si sabes amar.
Si valoras el instante, si logras perdonar.
La efímera nostalgia de no saber visualizar que lo que te hace fallar te ayudará a encontrar lo que necesitas para brillar.

Cuando te perdones, cuando no te culpes más...
Momentos preciosos que olvidamos experimentar por vivir en un pasado que no volverá.
Nada es imposible si estás dispuesto a luchar. Los mayores miedos se enfrentan y pasan a ser fantasmas que ya no asustan más. ¡Miedos que se marchan!
¡Valentía de vivir sin un imposible que te impida seguir!
Hoy estoy aquí... Maravillada de una vida que quizás no sé vivir.
Un lápiz y una borra, me pongo a escribir para luego salir y cada cosa que sueño poder cumplir.

Luz

No busques un motivo para amar, espera que llegue sin explicación. No te esfuerces por encontrar a alguien más, concéntrate en encontrar una razón para brillar, sin necesitar a alguien para complementar las carencias que hoy acuden y temes enfrentar.

No temas del adiós, es la perfecta demostración de que fallando se gana si sabes discernir, entre quedarte por egoísmo y costumbre o partir con la certeza de querer más por tener la valentía de dejar.

Cada día es una nueva razón, no la conocemos, viene con la naturaleza, está cargada de la energía del sol. Es la luz que nos ilumina aunque queramos quedarnos en energías negativas por no saber apreciar que fallando muchas veces ganamos más.

¡Hermoso aprendizaje el de no querer siempre acertar! Emociones latentes, olvidos consumados, un nuevo comienzo espera ser abordado; depende de ti, dejarlo o estar a su lado.

El tren del pasado te dejó. El tren del futuro aún no sabes si vendrá. Puedes decidir montarte en el tren del ahora, vivir tu hoy, dejar a un lado el temor o perderlo y esperar otra segunda oportunidad que tal vez no vendrá.

Sana tu corazón...Entiende que pertenencia jamás será sinónimo del amor. Tiempo de vivir... ¡Hoy tengo la fuerza para sonreír y la conseguí adentro de mí!

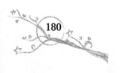

Cupido

Yo soy Cupido y Cupido no sabe amar.
Amo sin saber, no sé vivir sin el amor pero tampoco sin el dolor.
Así que lanzo flechas de pasión y otras de desilusión.
Un equilibrio perfecto que hace verdadero un sentimiento.

La perfección no la encontrarás si te quieres enamorar.
Busca otra actividad. ¡Aquí no la hallarás!
El amor no es perfección.
El amor es felicidad instantánea; momentos efímeros; placeres eternos; escapar del factor tiempo; volar a través de un beso...

Gotas de ilusión. Tazas de indiferencia. Cucharadas de pasión. Muchas veces amargos sorbos de traición.
Yo soy Cupido y te voy a enamorar.
Gracias a mí sentirás el placer de ser dos imaginando ser uno.
La realidad te golpeará. Pero como toda adicción querrás regresar.
Cada noche anhelarás que te sorprenda de repente, que vuelva a sucederte.
¡Querrás mi ayuda! ¡Yo estaré espiando ausente! Te pondré a prueba: Si estás preparado para jugar, mis flechas como obsequio obtendrás, otro amor uniré y luego desde el fondo reiré.
Si en cambio... Eres cobarde para amar y me decepcionas en cada oportunidad.
¡No habrá más! ¡Flechas de indiferencia son las únicas que obtendrás!
Tendrás que lidiar con la soledad, encontrarte a ti mismo para curar.
Luego, yo volveré a pasar... Y otra historia vivirás.

Te escribo

Te escribo porque creo en el tiempo capaz de curar.

Te enseña que la vida es hermosa aunque no pares de fracasar.

Te escribo desde mis sueños que hacen te escriba mientras integro cada uno de mis sentimientos que creía muertos.

Te escribo por alguna razón que tal vez no encuentro. Pero te escribo con todos mis sentimientos para que sepas que hay alguien en algún lugar perdido a través del tiempo, que cree en ti como pieza fundamental de este misterioso universo.

Te escribo desconocido, te escribo gran amigo, te escribo ser que aún no he conocido, para darte mis palabras como parte de mi aliento. Te escribo mientras calmo todo lo que llevo dentro.

Te escribo con una sonrisa de final... Ya que todo siempre va a caducar pero lo que te hace feliz lo podrás de nuevo alcanzar.

¡Una sonrisa y un sueño! Espero encontrarte a través de mi inconsciente para otorgarte el abrazo que falta para que salgas de lo que te tiene preso y dejes en libertad eso que amas y apagas por no saber despertar.

Te escribo a ti... ¡Gracias por ser mi inspiración! ¡Gracias por sin saberlo, sanar mi dolor! Te escribo desde mi imperfección.

Desde mis cenizas, te escribo.

Desde mis ilusiones, te escribo.

Desde mis tristezas, te escribo.

Desde mi sonrisa, te escribo.

Desde el desamor, te escribo.

Desde los recuerdos, te escribo.

Desde mi oscuridad, te escribo.

Desde mi luz, te escribo.

No te escribo yo, te escribe mi corazón.

Te escribe un alma que como tú intenta descifrar los sentimientos humanos aun sabiendo que no podrá.

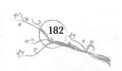

Te escribe un alma cuyas equivocaciones han querido perdurar y las apagan mis ganas de mejorar.

Te escribo desde mi miedo a la soledad, te escribo sin pretender que tu verdad sea mi realidad.

Te escribo para que sepas que he perdido.

Te escribo desde mis lágrimas, te escribo desde mi silencio que hoy convierto en palabras para alcanzarte y tocar tu alma.

Aunque quizás nuestro encuentro no sea palpable.

Te escribo desde las casualidades.

Te escribo desde el destino.

Te escribo porque me han lastimado.

Te escribo porque como tú, desconozco lo misterioso del amor pero creo en él como motor.

Llenando vacíos

El amor perfecto no existe. La perfección no existe, nace de tu interior. Cuando logras entender que es la ira, que es el mundo, que es el amor. Cuando logras entender que amor no es gritar. La ira es natural, pero debemos saberla sobrellevar, no que ella nos logre manejar.

Aceptar los celos entendiendo que nadie nos pertenecerá, que un sentimiento jamás nos podrá dominar.

Los celos siempre existirán solo debemos llenar los vacíos y comprender el bien y el mal.

La ira debe salir, buscando una manera de drenar sin lastimar.

El amor no es una necesidad.

El amor es dar sin esperanza de recibir.

El amor permanecerá intacto sin importar lo que pase alrededor hasta que se acabe: ¡porque nada es eterno!

Te vas a lo nuevo por miedo a lo viejo, vuelves a lo viejo por miedo a lo nuevo. ¡Círculo vicioso lleno de carencias!

No volvemos a intentar por miedo a la novedad.

¡Cuando nos arriesgamos a probar nos asusta la verdad!

Las peleas siempre existirán y cuando llegan volvemos a mirar atrás: encontrar en lo viejo lo que lo nuevo no nos puede dar aunque internamente sepas que en lo viejo no estará.

¡Miedo a la soledad! ¡Amar por amar! ¡Amar por la adicción de encontrar en alguien lo que en ti dudas buscar y mucho menos cosechar!

Solo en ti cada vacío llenarás. Confía en que lo puedes lograr, sal del vicio. ¡Observa más! ¡En un árbol podrás hallar lo que mil amantes no te otorgarán!

Deja de ser un payaso de tu realidad, vivir en el drama arruinará tu ser, serás esclavo de un querer. Enamórate cuando te ames, y ama cuando seas capaz de entregar tu alma al pestañear.

Cambia tu instante, vive sin querer más.

Llénate con lo que das. ¡Tu energía te puede colmar!

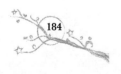

¡Tu energía es capaz de hacerte volar!
Ver en los espejos lo que callan las palabras.
¡Encontrar el amor sin una razón!
Encontrar el amor sin buscar explicación.

Orgullo

El ego esconde la ternura, un mal sentimiento haciendo una revolución.
Se han perdido los versos, se ha perdido el amor.
Una mirada que habla es silenciada por la razón.
¿Qué diría el corazón? Es mudo y no puede dar su opinión.

Dejas de conocer por no permitirte ceder.

Sin diferencias, sin condición.
El lenguaje de la ilusión quiere despertar la emoción.
¡El destino en desatino!
El inoportuno estado de querer que las cosas vengan sin nada hacer.

Cupido intentando vencer, con un flechazo hacerte ver, que el tiempo no puede volver.
Dos miradas se encontraron, sus almas se hablaron. Los cuerpos desconocidos sintieron acercarse, el instinto los sacudió, primera oportunidad, se alejaban del amor.
"Si es para mí ha de volverme a suceder". Entre sueños fue el único lugar donde se pudieron ver.
"Si me acerco perderé, pensará me tiene en su poder"
"Si le hablo lo arruinaré, un rechazo puede interceder"
El destino entre murmullos contestó...
"Tantas almas esperando a su mitad sin siquiera estar preparados para actuar".
Burlas acerca de las flechas de Cupido y él se esfuerza por mantener que aún se pueda querer con las normas que la nueva sociedad quiere imponer.
Si sientes la conexión, busca.
Si una mirada te enamora, intenta.
Si idealizas como platónico por temor, no estás preparado para el amor.

Si te mantienes en lo prohibido por pavor a la decepción, jamás podrás conocer lo que es entregar el corazón.

Entre providencias se encuentra la vida.

Entre pistas te da mensajes el universo.

Envueltos en silencios los malos amantes se despiden aún queriendo. Los enamorados sin conocerse se idealizan.

En el instante perfecto de volar deciden abortar la misión por miedo a arriesgar. Si no te animas a conocer, ¿cómo sabrás si puede o no ser?

Si el orgullo no tuviera prisionero tu ser. ¿Qué harías para conceder ese encuentro que desde hace tiempo quieres tener?

¡La vida se va sin avisar! Hoy puede ser el último día para accionar.

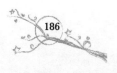

Gracias

Hoy me tomo el tiempo para agradecer. Agradezco mi vida, agradezco mi ser, agradezco el cuerpo que me ayuda a mejorar el poder que tiene mi alma y que aprende a través de él.

Agradezco por mis padres que desde el cielo me cuidan. Valoro su ausencia porque me enseña a apreciar su pasada presencia. Agradezco nuestras bellas vivencias, que parecen efímeras pero son eternas.

Agradezco a mis amigos por tender su mano, por escuchar, por estar. Agradezco sus almas que me ayudan en el misterio de aprender cada día más de este hermoso lugar.

Agradezco por mi familia, cada uno tiene el don especial de alegrar mi vida solo por saber que están. Agradezco a los que viven pendiente de mí y a los que desde la distancia se acuerdan y agradecen por tenerme, aunque en ese preciso instante, no esté presente.

Agradezco a mi guía espiritual que me hace comprender que cada error es una lección. Que no hay maldad imposible de curar.

Agradezco que me leas, te agradezco a ti desconocido, te has convertido en parte de cada verso y cada suspiro.

Agradezco el hilo invisible que une tu ser con el mío. Agradezco ser parte de tu vida aunque aún no me llames amiga.

Te agradezco a ti, aunque nos hicimos daño, formas parte crucial en mi interior. Te agradezco lo hermoso de compartir, te agradezco la belleza de fallar que quizás ahora, no sabemos visualizar.

Te agradezco por tu tiempo, te agradezco por estar.

Agradezco cada gesto y lo malo lo dejo atrás.

Agradezco al planeta, agradezco cada cosa que tengo en mi vida. Agradezco a la soledad, que me quiere enseñar lo bonito de sanar.

Agradezco a las estrellas por ser nuestras velas.

Agradezco cada detalle, agradezco cada ilusión.

Agradezco hasta cuando me rompieron el corazón.

Agradezco a mis padres por enseñarme que vivir es el arte de ser feliz, creando, experimentando y por supuesto ayudando.

¡GRACIAS! Gracias querido presente.

Gracias hermoso pasado, ahora estás dentro de mí pero no eres quien me impulsa para vivir.

A ti futuro, aún no te espero, pero si llegas, deseo me encuentres siendo feliz, siendo la mejor versión de mí.

El pasado se ha ido

El pasado se fue, empieza a creer que puedes sobrevivir aunque lo dejes partir.

El presente es este instante donde me lees para luego seguir...

Es tiempo de valorar el hecho de existir porque tal vez el futuro no te espere para sobrevivir.

El presente te regala el don de creer, la capacidad de ver y lo hermoso de entender.

El presente te regala su tiempo y a veces lo escondes detrás de viejos recuerdos. Muy tarde para recuperarlo, es parte del pasado, una vez más te ha vencido por no estar preparado, para vivir el hoy sin esperanza de futuro, sin nostalgia del ayer.

Eres

¡Eres luz! ¡Eres energía! ¡Eres amor! ¡Eres esperanza! ¡Eres perdón!

Eres la ilusión de un comienzo y la tristeza de un mal recuerdo.

Eres una pieza crucial en este universo desigual.

¡Eres perfecto!

En tus errores, tu verdad.

En tus caídas, parte de tu realidad.

En tus alegrías, la humildad de haber luchado por volverlo a intentar.

Todos unidos por lo invisible, todos conectados, todos en el proceso de evolución solo algunos lo aceptan, solo algunos pueden observar, solo algunos pueden crear. ¡Eres lo que sueñas! ¡Haces real lo que te sujeta a continuar! ¡Despierta ante el sol! ¡Agradece al universo por la misteriosa luna, amante de los enamorados en las noches oscuras!

Nos acostumbraron

Nos acostumbraron que para amar hay reglas que debemos memorizar. Nos acostumbraron a perder la libertad por trozos de compañía y me parece mal. Lo difícil del amor es no caer en la costumbre, no perder el respeto. No caer en las mentiras... Cuando ocurre llegan los después, las ilusiones quebradas, las ganas de no volver. Sin embargo, siempre hay un "Otra vez" sin siquiera pensar en que tal vez, no han cambiado los errores que los hicieron caer.

Lo difícil del amor es no saber comprender, cuando es de verdad no hay nada que perder. Palabras huecas atraviesan la piel, son más que golpes, quiebran tu ser. Rompen tus alas, te hieren la mirada, que ahora ve desconcertada aquellos ojos que antes amaba.

Para no perder, no pienses en poseer. El verdadero amor te querrá en libertad, porque sabrá que tu lealtad podrá más. No necesitará rodearte con su compañía para que no te acerques a alguien que le robe tu alegría.

El verdadero amor es confianza.
El verdadero amor deja ir y tener la valentía para reconocer, que aunque no esté, siempre será esa mano la que vas a escoger.
El verdadero amor no viene con una instrucción. Lo aprendes con el tiempo, cuando comprendes que por más que intentes, esa es la voz que anhela tu interior y ese es el alma que robó tu corazón.

Celestial

Siento algo mágico que está en el aire.
Siento algo sublime que persigue mi energía.
Una ola de perfección nos rodea,
una casa gigante nos cubre.

Tenemos todo pero no sabemos apreciarlo.
Nuestra casa nos regala rayos del sol
para cubrirnos de luz.
Debemos abrir nuestros sentidos
para llenarnos de esa carga divina
capaz de purificar al alma más contaminada.

Queremos más...
Pero todo se centra en las pequeñas cosas.
No existe el tiempo, es tan relativo como existir.
Podemos existir años, sin vivir ni un segundo.
Todo se centra en ciclos, en etapas que debemos superar, con la intención de
crecer, aprender y seguir viajando.

Viajando por momentos ¡no estancándonos!
Buscando adentro antes de explorar afuera.
Somos infinitas posibilidades.
Somos grandeza aun en la sencillez.
¡Somos más! ¡Somos más que las palabras! ¡Somos más que los fracasos! ¡Somos
más que las tristezas! ¡Somos más que el desamor! ¡Somos más que una razón!

¡Somos almas destinadas al encuentro! ¡Somos almas destinadas a la soledad!
¡Somos almas destinadas a entender que somos más!
Encontrarte es descubrir que existes, descubrir que puedes escoger quedarte
en los dramas, o reaprender descubriendo que ganamos sabiendo perder.
Reencontrarte es sonreír con la llegada del sol y ser feliz descubriendo en las
estrellas la ilusión de ser parte de algo que va más allá...

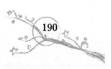

Ser parte de algo que no te resta sino te da.
Aunque muchas veces, no nos ocupemos de observar.

¡Somos polvo de estrellas!
¡Somos el sinónimo perfecto para lo efímero!
¡Somos eso que viene y se va! ¡Cumple su ciclo, aprende a amar y a perdonar para emprender el último viaje hasta nuestro verdadero hogar!
¡Somos polvo de estrellas! ¿Quién dijo que está mal? Lo más hermoso es lo que por derecho siempre se irá. Valora el instante, nada en tus sueños, navega sin parar por las calles imposibles en las que ahora puedes andar porque has descubierto... ¡Que eres más!

La niñez, el crecimiento y la madurez

Niñez: todo te sorprende, no sabes que duele, no sabes cómo hacer deje de doler. Lo hermoso viene con tus pies, tu andar marca el lugar donde irás. La inocencia de no saber, todo te puede sorprender. Nada te angustia, una tristeza se borra con una diversión, un rato después.

Crecimiento: te equivocaste, te dolió, seguiste y valoraste todo aquello que te dañó. Sin miedo a perder decidiste seguir sin esperar un porqué. Aprendiste, sigues adelante sin respirar ayer, sin soñar con lo que vendrá porque no crees que llegará. Tienes la fuerza que supera al temor. Te arriesgas porque tienes joven el corazón, no importa si hieren tu ilusión; una nueva vendrá.

Tu esperanza no se deja amedrentar, crees en tus sueños, crees en el quizás, crees en lo que sientes, y sientes en el dolor, pero también en el perdón. No importa otro error.

Madurez: te dañaron tanto que no sabes creer. Olvidaste lo que te hacía fuerte en tu niñez. Tu crecimiento, minimiza tu ser. Temes arriesgar por miedo a volver a perder.

Temes intentar, por miedo a hacer realidad los sueños que aún te mantienen en pie. Eres grande, puedes observar, eres capaz pero te cuesta poder ver más allá de tu ser.

Aprende de ti, trata de llegar, puedes volar, que no te canse la experiencia, que no te ate el ayer.

El tiempo no lo puedes comprender, después de tanto perder, tal vez hoy, puedes volver a ser el niño que creía sin tocar y amaba sin ver. El que era feliz solo por vivir, eres ese niño que sabe amar sin esperar y no se limita a entregar por miedo ni por el anhelo de eternidad.

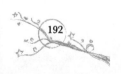

¡Lo que tiene que ocurrir, ocurrirá!

Si debes conocer a alguien nuevo, será para mejorar. No forzando por no saber esperar. El destino no se equivoca, nos da lecciones, y aunque duela, son necesarias para madurar.

Las decepciones pasadas te servirán para valorar la próxima historia que vivirás. Si en algún momento dejas de creer, te esperará una sonrisa y será el indicio de tu fe.

Si en algún momento temes volver a querer, te esperará un corazón con la capacidad de sanar todo el dolor.

No te rindas

No caigas en la desesperanza.
Ganamos cuando sabemos perder.
Lo logramos cuando nos levantamos después de caer.
No les creas si te dicen que pares de soñar. De tus sueños llegarás a tu verdad, esa en la que quieres habitar.

Cada "NO" conviértelo en un yo si puedo cargado de más emoción. Solo los que pierden logran alcanzar esos sueños difíciles que tanto les advirtieron debían abandonar.
Solo los que pierden adquieren la humildad... Alcanzar el éxito y saberlo disfrutar sin alardear. ¿Cansado? Puedes correr cuando no quieras caminar, te dará la adrenalina para no quedarte sin ganas de continuar.
Puedes sentarte y pensar, si una derrota quiere ahogar, lo que sueñas y quieres alcanzar.
Si se trata de amor, si te cansaste de perder una y otra vez, si no quieres volver a querer. Si te rompieron, y ya no tienes ganas para ceder... ¡Experiencia! Algo tenías que aprender, el tiempo no se pierde, en cada segundo hay detalles para hacerte crecer.
No pienses en lo que pasó.
Sitúate en tu HOY.
Vive tu presencia, sana esas heridas.
Concéntrate en ti.
Escucha tus silencios.
Consigue tu paz.
Entiende que para amar hay ciertos riesgos que debemos aceptar y el primero no es esperar que nuestro amor no nos vaya a defraudar.
Cuando menos lo esperes, una mirada te alcanzará.
Unos ojos dejarás pasar.
Unas manos serán las adecuadas para enseñarte a confiar, para enseñarte que puedes amar si te arriesgas una vez más.

Una oportunidad que no puedes dejar pasar.
No esperes, empieza a dar.

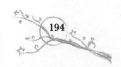

El alma

En tus acciones el amor, en tu sonrisa la alegría.
Eres lo que irradias, e irradias lo que quieres ser.

Puedes escoger, se trata de aceptar y cambiar para bien.
No quedarse en el error, en la intermitencia de la reflexión.
Cada ser humano podría convertirse en amor aceptando su luz, aceptando su oscuridad y haciendo magia de esa fusión.
El negro no está mal, lo malo es la connotación que le das.
Juzgar: ir caminando sin escuchar. Tocar sin percibir. Oler sin que un recuerdo venga después, el de la fragancia de comprender que valorando los sentidos podemos crecer.
Ver más allá del disfraz que nos toca llevar para ocultar lo de adentro, eso que asusta y tememos enfrentar.

El alma humana es la mayor bendición. Un sinfín de pensamientos que se entrelazan y se dispersan, que vienen y van, volando en libertad.
El alma humana todo lo puede lograr si deja el temor y empieza a indagar.
¡Somos almas! Cada pensamiento, cada acción, cada sueño, es producto de nuestra alma.
¿Por qué no cosechar eso que no se marchitará? ¿Por qué no acomodar las fallas del alma si siempre nos acompañará?
Aún no hay maquillaje para borrar la maldad.
La imperfección de ser incapaz de sentir.
La imperfección de no tener la humildad para decir "Fallé".

Hoy me atrevo a decirlo: Fallé... No una, muchas veces.
¡Me equivoqué! Pero quiero comprender, aprender y crecer, para no volver a caer en la superficialidad de NO aceptar tu propio ser, ese del que jamás te podrás desprender.

Detalles

Equivócate, siente, ríe, pierde, grita, escucha el silencio, enamórate, respira ilusiones, corre, observa, aprende, vuelve a fallar, levántate...
Aunque estés cansado... Aunque duela andar y andar sin encontrarte.
Cada segundo es el instante adecuado para respirar amor. Para entregar vida. Para sonreír alegría aunque estés cansado.
Escucha, siente, actúa... ¡Espera! no corras demasiado. Aunque el tiempo se agote, aunque el reloj te incite.

Siente la vida. Utiliza tu sentido para saborear gotas de armonía, ve más lento... Encontrarás lo que buscas. Las mejores cosas están en los detalles. Conviértete en detalles para cambiar vidas.
Siéntate en silencio si necesitas respirar.
Grita fuerte, si te cansas de escucharte. Pero no cedas, es un viaje hermoso para los que saben amar y valorar.
Si estás cansado pon el mundo en stop ¡duerme! ¡Duerme y pregúntale a tus sueños! No es casualidad compartir dos realidades, cerrar los ojos y viajar a otros mundos.

¡La misma conciencia pero ilimitada! ¡La plena expansión del ser! Soñar es apropiado para poder avanzar.
Muchas opciones, es demasiado hermoso como para no arriesgarse a ganar.
¡Ganamos cuando aprendemos!
¡Muchas veces perdiendo ganamos más!
¡Ganamos cuando decidimos intentar una vez más!
Millones de almas conectadas, ciertas "casualidades" estaban destinadas a suceder.
Si observas más, si sientes, si sueñas... Las respuestas llegarán.
¡Es un buen día para decir que sí! ¡Es un buen día para decir lo que sientes! ¡Es un buen día para persistir! Y por supuesto... ¡Es un buen día para VIVIR!

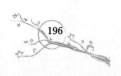

Disfraz del alma

Nuestro cuerpo es solo un traje más de nuestro ser. Dudamos de poder volar, pero en altos niveles de espiritualidad es fácil de lograrlo solo con respirar.

Nos enseñan que la muerte de negro nos vestirá cuando, por el contrario, nuestro ser se expandirá hasta la eternidad.

Observar el cielo con los ojos del corazón.

Valorar el cosmos como algo superior, que nos manda de regalo la pureza de la naturaleza en todo su esplendor.

Mientras me siento a observar y tomo unos minutos para agradecer poder estar, espero paciente sin presionar, aquel instante donde cada respuesta tomará lugar.

El físico no perdurará, los niveles de tu pensamiento viajarán con tu yo interior, imposibles de olvidar, una maleta gigante que vida tras vida traerás.

Limitas tu ser al no despertar.

Te limitas al aferrarte a lo material.

Desnuda tu alma y encontrarás cada respuesta que quieres hallar.

Sonríe con la felicidad de existir, de diariamente convivir, con otros que como tú, vinieron sin saber cómo ni por qué. Sin respuestas que en escuelas puedan aprender.

Tu espíritu te manda señales.
Acéptalas, compártelas, ámalas.

Cree en ti y día tras día lucha por convertir cada pedazo de oscuridad en algo nuevo por mejorar.

La grandeza te rodea, eres parte de la obra de arte. Solo tienes que ser feliz y sonreír.

Acepta tus tristezas pero no te aferres a ellas.

Acepta las despedidas porque algunas almas viajaron juntas para despedirse después, aprendiendo la grandeza de querer, aunque la otra persona no esté.

Quererte

Quererte es comprender que no saldrás de mi mente.
Quererte es mirar una estrella y encontrarte en ella.
Observar la luna y pensar en tu dulzura.
Sentir el viento, sin comprender, para volver a tus ojos que no quiero perder.

Quererte no es sinónimo de tenerte.
Te quiero volando y libre.
Te quiero conmigo y sin mí.
Te quiero en la distancia.
Te quiero aunque no estés junto a mí.

Te quiero en el olvido.
Te quiero entre mis versos,
con esperanza, de un futuro encuentro.
Te quiero en mis recuerdos, fugaces momentos, en los que te tengo. Te quiero
desde un sueño, en el que tu encuentro, cura mis heridas.
Quererte: entender que aunque no estés presente, eres inmortal en mi incons-
ciente.
Las calles vacías de mi alma, esperan poder verte.
Mis ojos quieren de morada, tu dulce mirada.
El amor que no caduca, te ofrezco hoy.
Aunque te lo di, cuando escuché tu voz.
Espero volver a coincidir.
Juntas aprender a vivir.
No quiero un YO SIN TI.
Quiero un ETERNAMENTE, que sobrepase... Los misterios de la muerte.

Hoy... Quererte es recitar un verso al universo, sin la certeza de que te ha de
llegar.
Quererte es entregar sin esperanza de algo a cambio que me puedas dar.

Paz

No entiendo cuando de violencia me vienen a hablar.

Mis oídos repudian los sonidos de los tiros de quienes se creen valientes por tener un arma para "controlar".

Años de guerra y me pregunto... ¿Cuándo acabará?

Tanta civilización, tanta tecnología, tanta inteligencia y no ha servido para parar a tantos humanos que siguen matándose para tratar de "mejorar".

Un mundo dividido por poder, se pelean por política, y no logran verdaderos cambios ver.

Miles de corazones aturdidos, perdidos por el mundo. Una misma inquietud... ¿Siempre será así?

Ojalá el esfuerzo por conquistar, el valor para matar y el ímpetu para agredir a quienes no comparten lo que quieres oír, sirviera para que nadie durmiera con hambre.

Para que ningún anciano estuviera en soledad sin nadie que lo atienda y con muchos maltratos que no cesan.

Ojalá esa valentía por pelear sirviera para aprender a escuchar.

Ojalá ese amor al poder sirviera para ayudar a los otros países que no tienen para comer.

Ojalá ese odio reprimido se convirtiera en energía para salvar a cada niño que no tiene un techo ni un pedazo de pan. Mientras gastan en armas destinadas a matar.

Por eso te digo hermano: La Paz es para los valientes... ¿Te unes?

Barriendo tristezas

Despide las tristezas, el pasado ya se fue, que se vaya con él, todo indicio de un mal recuerdo que te quite la fe. Puede ser difícil vivir pero es tan hermoso que vale la pena insistir en lo bonito de existir.

Lo primero es creer en ti, lo segundo crear esos sueños que viven en tu imaginación y pueden formar parte de tu hoy.

Lucha por el amor... ¡Valdrá la pena perder para luego encontrar la persona con la que siempre anhelaste volar!

La felicidad se esconde en los detalles.

La felicidad vive en los instantes.

La felicidad es parte de tu ser, de ti depende encenderla o encerrarla en las tristezas que te impiden ver.

El rencor se aprovecha de los débiles.

Hoy te digo... Observa y será fácil sonreír.

De tu amabilidad otros se nutrirán, sin darte cuenta serás de los que viven para ayudar.

De tu oscuridad interior podrás encender tu corazón.

Sabiendo discernir entre pensar solo en ti, o tener el valor para aprender del error y convertirlo en luz.

Vive tu hoy.

Tu presente es esta causalidad que tienes mientras me lees.

Sonríe y agradece estar aquí.

Lo que hagas después depende de ti.

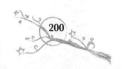

Desprendimiento

La vida en sí es un acto de desprendimiento. Llegamos, crecemos, evolucionamos, cumplimos una misión, y nos vamos. En el proceso antes descrito no se sabe cuándo nos vamos.

Desde el comienzo se trata de concientizar la muerte. Un misterio por descubrir, depende de nuestro comportamiento, el lugar al cual vamos a ir.

La iglesia desde su inicio, de la muerte ha hecho un fin.

La creación de la fe como motivación para no temer existir.

Humildemente te digo hoy, no sientas temor.

¡Encuentra tu paz interior! ¡Consigue tu motivación! ¡Todos tenemos una misión!

No es casualidad... La raza humana compartiendo en un mismo lugar dividido por fronteras que no podemos obviar. El idioma como estrategia para separar y el amor con su misión de unión buscando contrarrestar la división.

No hay que temer sobre lo inevitable de partir.

Hay que seguir, viviendo al máximo cada segundo que pasas aquí.

En el silencio hablan los pensamientos. Las preguntas del ser, queriendo ser respondidas una y otra vez.

La filosofía es el saber, hoy mi pregunta es el después...

Después de la vida no lo podré saber. Me concentro en el ahora queriendo crecer. Abrir mis brazos una y otra vez, compartir los anhelos de mi alma con otras almas que tal vez, nunca podré conocer.

La muerte vendrá y con los ojos cerrados me verá. Ya frente a frente le sonreiré, no es tan malo como muchos nos hacen creer. Pero como aún no lo sé, prefiero hasta su encuentro idealizarla bien. Para aprovechar mi tiempo y no irme sin haber podido entender...

La vida es un paseo breve que hay que disfrutar, sin quedarse en el ayer. Vive y cambia lo que no te hace sonreír, porque quizás, luego será muy tarde para los cambios que hoy temes inducir.

Poesía sanadora

La poesía tiene el don de salvar.

La poesía puede hacernos despertar.

Estamos tan cansados que olvidamos observar, en los detalles cotidianos está la eternidad.

Mis palabras llegan a tus oídos, sin tocarte busco tu alma rozar.

Por alguna razón me lees hoy. Despierta de ti mismo, escucha más allá del sonido de tu voz.

La poesía nos puede ayudar si entendemos que en la diversidad de pensamiento, encontraremos libertad al saber respetar.

Las ideas que hoy nos dividen sin parar, podrían ser indicio de la futura unidad.

Alejar el odio, albergar amor.

Solo los valientes, se dejan guiar por su corazón.

Buenas noches

Quizás hoy se durmió, anhelando un "buenas noches" que jamás llegó. Lo que le negaste y esperó, se lo otorgo yo. Aunque no conozco su corazón. Aunque conmigo no será con quien soñará hoy.

Un desconocido te desea una noche de alegría.

Despachar las tristezas que hoy toman tu corazón y quiebran tus ojos con la nostalgia de añorar algo que se tarda en llegar.

Buenas noches para ti, lector desconocido. Te deseo seas feliz y no te quedes en lo que no te regala suspiros antes de irte a dormir.

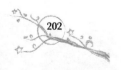

Desperté

Desperté de tus labios.
Desperté de tu piel.
Desperté del instante donde te empecé a querer.
Desperté de tus manos, desperté de tu olor.
Desperté sin querer, y quiero volver.
Tu aroma será el tatuaje para los sueños que tendré en esta noche con sabor a tu ser.

Palabras

Palabras que matan el nacimiento de un suspiro.
Palabras que agotan las ganas de amar.
Palabras que matan anhelos, que quiebran la inocencia, que sirven para ahogarnos con lo que debería servir para mantener las ganas de seguir soñando.

Palabras como armas para la destrucción del sentimiento.
Palabras que podrían servir para fabricar ganas, para robar sonrisas, para vivir de la alegría de escuchar y respetar sin lastimar solo por no medir lo que se va a hablar.
Palabras ladronas de pureza.
Palabras como golpes al corazón.
Palabras que olvidan su función para convertirse en aliadas del mal de amor lideradas por la decepción.

¡Anímate a vivir!

No esperes la oportunidad, búscala. No esperes que la vida te pase, anímate a salir, anímate a vivir.

Lánzate al vacío, arriesga, no temas de las derrotas.
Tú eres la oportunidad.
Tú eres el protagonista de tu vida.
Tú eres el talento.
Tú eres la armonía.
Tú eres el éxito.
Tú eres quien escoge lo que quieres ser.
Escoge brillar, escoge la bondad.
Escoge el camino de la verdad.
Sigue los pasos de tu corazón sin olvidar lo que dicta tu razón, escucha tus silencios, aliméntate de tus fracasos. Conócete y ámate. Acepta la oscuridad que hay en ti y trabaja para transformarla en luz.
Quédate con quien te robe suspiros... Un suspiro está cargado de la energía que no llegó a ser palabra y no pudo convertirse en silencio. Que tus sueños vuelen pero te enseñen a volar, para no perderlos y se vayan a escapar.
¡Nunca dejes de soñar! No lastimes con tus palabras.
Usa tu cuerpo como motor de tu alma. Eres tú la magia que tanto buscas y dentro de ti tienes los motivos suficientes para empezar a ser feliz.

Cambios

Los cambios suelen doler, suelen ser difíciles de entender, pero al final, te enseñan algo que no aprenderás ni con mil vidas más, si no te motivas a arriesgar. Una vida entera en juego, que no te ganen los egos. Deja de permitir que los fantasmas de tus miedos no te dejen ser sincero.

Escucha esa voz en tu interior que te dice "es un error". Es un error vivir por un sueño que no nace de ti.

Es un error vivir por la costumbre de seguir los hábitos que te han enseñado y no puedes sentir.

Es tiempo de elegir: ¿Qué escoges?

Una vida en libertad o ser el actor de una historia donde ni siquiera has podido ser el escritor. Te guías por un guion y al final no reconocerás ni tu voz.

¡Volar tiene un precio que solo los valientes se atreven a pagar!

¿Uno más de las marionetas que andan al azar?

¡Escoge ser el dueño de tu realidad!

¡Escoge el sueño que en tu vida harás real!

¡Escoge la valentía de aprender aunque tengas que caer!

¡Escoge lo desconocido! Pero sobre todo... Escógete a ti.

Sabor a libertad

Noche de tristeza.
Noche de apatía convertida en agonía.
Tristeza por no solucionar con la sencillez de perdonar.
Tristeza por no perdonar las heridas que día a día nos lastiman más.

Noche de entender que para querer, el respeto no debes perder.
El amanecer vendrá y con él, una razón para comenzar.
El amanecer vendrá con un motivo para estar en paz.
Con una sonrisa observarás la alegría de existir, en otro día más, con sabor a libertad.

¡Amor para combatir el odio!

Estamos tan divididos que olvidamos observar, juntos podemos lograr la deseada paz.

Si aceptamos las ideas, si logramos conciliar. Si el diálogo se convierte en nuestra estrategia para solucionar...

¡La vida no sería tan fácil de quitar!

¡No habría muertos por no saber respetar!

Si entendemos que juntos somos más, la diversidad de pensamiento, no sería nuestro rival. Si logramos imponer el amor sobre la maldad, como hermanos un abrazo marcaría la diferencia que desde hace tanto quiere llegar.

¡Tocaría a nuestra puerta la esperanza!

¡La alegría de un sueño hecho real!

Discernir entre lo que queremos ser y lo que nos tratan de imponer.

Venezuela no son dos colores.

Venezuela no tiene división, la división la creamos por dejarnos convencer, pero podemos romperla si empezamos a creer.

Cada familia, cada necesidad, todos habitamos en un mismo lugar.

El dinero se irá, lo importante es ayudar a los que duermen con hambre y a los que ansían triunfar sin tener que retirarse de este paraíso terrenal.

¡Lo material no perdurará, perduran las almas que se alimentan con bondad!

Un cambio verdadero llegará cuando pongamos punto final a la separación que hoy tenemos por falta de comunicación.

¡Tiempo de entender! ¡Tiempo de querer! ¡Alto a la violencia! ¡Tiempo de combatir el odio con amor! ¡Tiempo de renacer! ¡Tiempo de entender que unidos podremos, los obstáculos vencer!

No hubo explicación

Y un día dejó de esperarte, dejó de pensarte, dejó de soñarte...
Hasta que sin darse cuenta había comenzado a olvidarte.
Antes que transcurriera más tiempo no formabas parte de su presente, ni de su ayer ni mucho menos te esperaba en su futuro.

La indiferencia acudió y con ella el indicio de desamor.
No hubo explicación, el tiempo borró una huella, pero el mar siguió.
El tiempo transcurrió pero tu recuerdo jamás lo visitó.

¡Insistir!

¡Eres lo que quieres ser!
¡Solo tú decides si crecer o quedarte en el ayer!
¡Puedes dejar de luchar, ocultarte en la derrota y entre las sombras llorar!
Puedes volar y de cada herida aprender a perdonar...Desde la altura el dolor sabe mejor.
Insistir es la mejor solución, la recompensa será el éxito interior. Persistir desde el suelo, comenzar desde abajo, llegar al cielo y caer pero seguir con la fuerza para ser capaz de volver.
¿Un día con sabor a desilusión? Resiste que nada dura para siempre, ni siquiera el mal sabor que impide saborear gotas de ilusión.

¡Somos un sueño jugando a ser real!

Somos etapas.
Somos instantes.
Somos un sueño jugando a ser real.
Aun en los recuerdos nos buscamos encontrar.
Aún ciertas miradas nos dan felicidad.
Aún cada mañana te da oportunidad, de crecer contigo mismo, de poderte superar.

Apoyado en los errores crees que vas mal, pero cada fracaso contribuye al éxito y a tu futura paz.
Creces si te caes y te sabes levantar.
Creces si descubres que eres mucho más.

En un descuido

En un descuido, se enamoró mi razón.
La esencia de tu alma, la cautivó.
Preciso instante en el que entendí... ¡ni mil vidas bastarían para olvidarme de ti!

Quizás he de tenerte eternamente, pensé.
Una duda convertida en certeza poco después.

No es necesario tenerte para poder quererte.
No necesito que me quieras para retenerte en mi mente.
Tu existencia me hace feliz.
Un suspiro por cada vez que te veo reír.
Y si es otro quien te hace vivir, en otra vida nos tocará coincidir.

De lejos te observaré, si caes mi mano te tenderé.
Si te traicionan, te haré creer. Y si me dejas entrar, con paciencia te enamoraré.
Hasta hacerte comprender que nacimos para amarnos una y otra vez.

Tiempo de accionar

¡Qué la alegría visite tu vida!
¡Tiempo de reaccionar!
¡Tiempo de observar!
¡Tiempo de crear!
¡Tiempo de perdonar!
¡Tiempo de amar!

La hora perfecta para comenzar.
El segundo exacto para dejar de odiar.
El minuto adecuado para empezar a brillar.

Tiempo de cambios con sabor a humanidad.
Tiempo de sumar.
Es hora de dejar de restar.
¡Qué la sensibilidad se apodere de tu realidad!
¡Momento ideal para ayudar!
Juntos somos más. ¡Despierta la esperanza!
¡Qué llorar te sirva para conquistar la alegría de saber valorar!
Soñar más...
¡Conquistar tus sueños hasta poderlos tocar!
¡Eres lo que el mundo necesita para sanar!

Hoy que estoy triste

Hoy que estoy triste; vivo de la tristeza de añorar una eternidad aun sabiendo que nace y muere de un pestañear.

Hoy que estoy triste es por no querer entender que más allá de querer hay ciertos límites que olvidamos comprender.

Hoy que estoy triste resumo mi tristeza en el saber. Queriendo adentrarme en aquel tiempo de amores eternos, de ilusiones difíciles de romper. Un tiempo en el que creer no era sinónimo de perder.

Hoy que estoy triste empiezo a entender que me despido de tus palabras, aquellas que me encendían y que hoy me apagan.

Hoy que estoy triste me despido de un olor... Me despido de esa fragancia que en su momento me inspiró.

Hoy que estoy triste es por no poder encontrar esa dulzura que me diera estabilidad. En vez de estar con tu "eterno amor" y que se desplome en segundos por falta de comunicación.

Hoy que estoy triste me despido de tu odio; me despido de tu amor; me despido de tu mundo, me despido de tu voz.

Hoy que estoy triste me despido de la felicidad que en su momento nos supimos dar. Pero la noche es larga y la tristeza no dura eternamente.

Hoy que estoy triste empiezo a comprender que muchas veces hay recompensas con cada amanecer.

Otra clase de amor

Me cansé de pasear, a mis sueños vienes a habitar.
Te espero en la sonrisa, te espero en la agonía... ya no entiendo qué es lo que se llama vida, mientras idealizo tu compañía.

La certeza y la incertidumbre...
Apuesto en tu honor, no me interesa nada que no tenga tu olor.
Sin certezas, la ocasión.
Sin comprometerse, la ilusión.

Yo solamente quiero sentirte cerca de mi corazón.
No te necesito por la eternidad, quiero que llegues y poder volar.
Quiero que llegues y dejar de esperar con tantas personas que no saben andar.
Te quiero encontrar.
Contigo quiero estar.
Contigo quiero viajar.
Contigo quiero llorar.
Contigo quiero resucitar.
Contigo quiero saborear el sabor de la felicidad sin perder el de la libertad.

De repente te vi.
En el preciso instante, donde no te buscaba, te conseguí.

De tanto imaginarte, estás ahí.
Tu corazón roto por descuido.
Tus alas maltratadas por un encuentro mal concebido.
Y ya comprendí, en ocasiones puedes querer lo que no es para ti.
Tu mirada la culpable, en tus ojos cada sueño que protagonizaste.
Una casualidad que llegó, así se encuentra el amor.
Una casualidad me cautivó, el destino es el creador de esta situación.

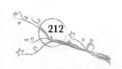

Mi corazón que se acerca con intención.

Mi razón que se aleja por precaución ante la imposible situación. Mejor una bonita amistad...

Una certeza volando alrededor del amor.

En otra vida sucederá lo que en esta no podrá. Por ahora los sueños y la realidad comparten una complicidad.

En lo utópico una gran adhesión, en lo real solo una ilusión destinada a otra clase de amor.

Inspiración

El amor es el flujo incesante de emociones, de ideas, de idealizaciones. El amor es inspiración, a veces el autor no conoce el nombre del motor que lo impulsa en un viaje de emoción.

En ocasiones el humo de los instantes trae su nombre entre versos que se mantienen en el anonimato por precaución. Pero no siempre debe existir alguien para hacer latir ilusiones que hacen posible, entre letras, conocer un amor que quizás, jamás podrás tener.

Algunas aguas corren pero transportan sueños, no tienen que mantenerse inmóviles para cultivar lo onírico.

Otras veces, el titilar de las estrellas, constantes, imprecisas, –solo entre las noches, solo entre la oscuridad–, pueden hacerte entender que algunas musas no se deben quedar para lograr agudizar y encender partes de tu ser.

Intuir que un descuido puede ser la mayor y más excelsa parte de la inspiración. Sin requerir una historia, sin esperar un porqué.

¿No es el amor como tú y como yo? Un sentimiento sometido al tiempo. Un sentimiento perecedero. Las estrellas fugaces te pueden permitir un segundo en su majestuosidad. Te enseñan que entre lo efímero se valora más y no requieres conocer de dónde vienen ni hacia donde van. Ni mucho menos, a cuántos han de inspirar.

Así, entre algún nombre o un recuerdo...

Me limito a escribirle al tiempo, alguna musa me explicó entre versos, que hasta puede caducar lo eterno.

Luz y oscuridad

Llénate de la oscuridad, no la alejes de tu vida, acéptala y llénala de paz. La inspiración te brindará, si sabes aceptar que de las tristezas vendrán nuevas maneras de concebir felicidad.

¿Un mal momento? No te quedes en lo oscuro para lamentar. Cada situación por más buena o desafortunada que sea se convertirá en aprendizaje. Depende de ti poderlo visualizar.

Tocar en la agonía una melodía de eternidad aun sabiendo que todo puede acabar.

No te sientes a llorar cuando podrías aprovechar para empezar.

El mundo te brinda la oportunidad, la naturaleza te da energía para renacer y poder crecer entendiendo que no todo será favorable, que de las caídas puedes aprender y con los buenos momentos sabrás agradecer.

Mi alma te guarda

Grabada en mi alma, por siempre estarás.
Destinada a jamás caducar.
Si vuelvo a vivir... Hasta encontrarte, no sabré qué es existir.
Tu voz me habla aunque no estés, mientras yo te recuerdo, como si fuera ayer.

Musa inmortal, gracias a ti puedo brillar.
Me enseñaste lecciones que debo aplicar para luego podernos reencontrar.
Nada pasa por casualidad, lo entendí cuando te dejé ir.
No tenía opción, se trataba del adiós.
La muerte te llevó sin precaución, no podía echarle la culpa a Dios.

Mi alma me salvó del dolor.
El cuerpo es temporal.
¡Nos volveremos a encontrar!
Tu dulzura me darás y yo con un beso, a tu lado me acostaré a reposar.
Me enseñaste que la eternidad habita en los instantes, esos que valoras y se quedan prendados a tu ser.
Tengo la eternidad en tu compañía.
¡Aunque no estés! Al cerrar mis ojos, te puedo ver.
¡Aunque no estés! Al recordar tu esencia, siento tu calidez.
En una estrella lejana, en un perfecto amanecer, cuando toco y alegro vidas.
¡Ahí te puedo sentir otra vez!

Puente

En otro sueño encontró el presente que a tu lado, jamás halló.

Otra palabra que dejas sin decir, la cobardía ahuyentó el amor.

El orgullo pone un puente, sobre lo que pudo ser.

Una noche no te esperará, no dará el primer paso más.

En sus sueños... ¡Dejarás de habitar!

¡Aprovecha que aún eres parte de su realidad!

No calles lo que después anhelarás gritar pero sin nadie que te quiera escuchar.

Los sentidos

La mayor riqueza del ser humano son sus sentidos.

La vista: Si pudiéramos observar con detenimiento. ¡Qué ricos seríamos con cada amanecer! Comprendiendo el crepúsculo, entendiendo las nubes, disfrutando del camino, deleitándonos con las estrellas.

Observando las almas, olvidando los cuerpos, entendiendo las vidas, siendo parte del universo.

El oído: Si abriéramos nuestro sentido para disfrutar del silencio, para comprender las palabras, para poner en orden todo lo que nos dictan las almas... El canto de un pájaro sería un concierto, la risa de un niño sería nuestra energía; la tristeza y el llanto de un desconocido rompería nuestra apatía y nuestra ayuda convertiría su tristeza en alegría.

No habría idiomas para combatir el amor, no habría culturas que nos ganaran la batalla de la dulzura contra la discriminación.

El gusto: Si abriéramos nuestro tacto para saborear gotas de dulzura, gotas de esperanza, sorbos de pureza, bocados de bondad...Viviríamos con ganas de probar más.

El olfato: Si abriéramos ese sentido y lo asociáramos con los recuerdos. El aroma de un buen café al amanecer ligado a un buen sueño. El aroma del mar, el de las rosas que en su momento regalaste o te regalaron y te quedaste prendando de su olor ligado a una ilusión.

Si no se tratara solo de un perfume caro, sino de lo que lleva consigo ese aroma que nos marca, como el de un bebé al nacer o el de la persona que amas.

El tacto: Lo palpable, lo que se fusiona con tu ser. Si abriéramos el tacto para tender una mano, para dar un abrazo, para sentir un buen beso que no caduque a través del tiempo.

Si utilizáramos el tacto para regalar sonrisas, para atrapar los sueños, para tocar corazones, para no perderse entre lo mundano.

Si tocáramos las vidas de los desconocidos.

Si olvidáramos las clases y nuestro tacto dictara la igualdad...

Si **viéramos** las almas; **tocáramos** las vidas; **escucháramos** los silencios; **oliéramos** los recuerdos y **saboreáramos** la alegría...

¡Seríamos más ricos!

¿Amistad?

Si es verdadera podrán transcurrir los años y siempre estará.

Tus secretos guardará, será tu toalla cuando quieras llorar.

Con un abrazo te hará saber que no se irá, ella será tu espejo para hacerte encontrar. Entre consejos tratará de hacerte reaccionar, aunque caso omiso hagas, después de horas, semanas y meses de oírla hablar.

¿Amistad? Jamás te abandonará, en la distancia la podrás encontrar. Una verdadera amistad atraviesa cualquier imposibilidad.

Una verdadera amistad no caduca a través del tiempo.

Una verdadera amistad no se marchita por las peleas, se nutre de ellas.

Una verdadera amistad no espera nada a cambio. Se encuentra a tu lado para celebrar verte feliz o para llorar contigo al verte sufrir y luego, con un detalle mágicamente sacará una sonrisa de ti.

Una verdadera amistad no está a tu lado por lo material. Su único interés es quererte y saborear el placer de tener un cómplice, con quién compartir el milagro de existir.

¿Amistad? Aunque lo arruines, te sabrá perdonar. Aunque falles, te dará una segunda oportunidad.

¿Amistad? Una forma de compartir la soledad y convertirla en la mejor casualidad. Te apoyará aunque estés mal. Te defenderá de quienes te quieran lastimar. Y por supuesto, en ocasiones, también fallará. Pero nada es perfecto cuando es real.

Una amistad de verdad es difícil de encontrar. Pero cuando la logras hallar, es de lo más hermoso que el universo te puede dar.

¡Un aplauso por la amistad!

¡Esa que no caduca ni caducará!

¡Esa que es auténtica y real!

Presente

De las más profundas tristezas nacerán las más grandes alegrías.
De los más fuertes fracasos se creará el éxito esperado.
De los intentos fallidos, surgirá la victoria deseada.

Solo necesitamos seguir, no frenarnos por las traiciones. No alimentarnos del odio.
Cosechar nuevas ilusiones, alimentar la esperanza de nuestro ser.
No rendirnos... ¡Intentar otra vez!

Si todo se pone difícil, conoceremos lo que es perder. Pero las verdaderas victorias se logran de tanto caer.
El hoy es efímero, no sabes si llegará el mañana.
Puedes decidir quedarte en el ayer, pensando en lo que pudo ser y no es. Pero tu decisión puedes acertar, no quedándote en la lamentación.
Valorando el ahora, observando lo positivo, haciendo tu estrategia desde el dolor para conquistar tu existir, para conquistar la felicidad que de regalo una sonrisa te ha de otorgar.
La satisfacción de haber aprendido a perder te ayudará a crecer.
Te encontrarás contigo, serás capaz de creer.
¡Ya nada será imposible! Porque no tendrás miedo de perder.
Ahora las posibilidades de tu ser no dependerán de otro para poder suceder.
Ahora tu soledad te permitirá avanzar, tus miedos formarán para de tu realidad y los enfrentarás porque solo así tendrás el poder de brillar.
Ahora tu camino es de paz, del dolor creció tu mayor ilusión.
Vives del presente, buscando un futuro mejor. Sin ahogarte en un pasado que por alguna razón no forma parte de tu hoy.

Persiguiendo recuerdos

De repente no estabas, pero no paré de buscarte.
Perseguía tu sombra por una habitación vacía de vida.
Perseguía tu esencia por un corazón lleno de amor, pero vacío de cualquier ilusión.

Te busqué... Seguí buscándote y aún en ocasiones olvido la desesperanza y salgo corriendo a perseguir un aroma que lleve lejos mi dolor y traiga de nuevo tu olor. Sin embargo, no logré encontrarte. Ya no estás.
Te fuiste a un lugar de paz. Y aunque lo entiendo, no acepto que por ahora no vendrás. No acepto que tus besos ya no me darán paz.
Tu último beso da vueltas en mis pensamientos. Tu último abrazo hace que mis sentidos no se sorprendan sino con un recuerdo que no volverá.
De repente no estabas... Y a pesar de estar ahí, también me había ido. Me fui con tu último suspiro para regresar después a vivir una vida sin tenerte pero sin desprenderme.
Me pierdo, persisto, me encuentro, me alejo, regreso...
¡No estás más! Sigue tu energía dando vueltas a través de mí.
Sigue tu dulzura entregándome motivos para poder seguir; sigue tu aura indeleble a la distancia. Indeleble a cualquier tristeza.
El olvido no acude cuando el amor es puro. La distancia no cabe cuando los sueños vuelan a través de los amores perdidos en habitaciones mudas.
El dolor es opcional cuando no paras de buscar un alma que jamás podrás alejar.
Te busco en mis sueños, te encuentro en mis actos, te doy vida en mis pasos, te doy besos convertidos en palabras, que tal vez no leerás pero sin duda, entenderás.
Musa eterna que insiste en alumbrar mis pasos hasta adentrarme en el camino correcto que me llevará hacia ti, para regalarme energía y comprender que la vida no es vida sin sentir, que hay un mundo qué descubrir y que está más allá de lo que podemos percibir.

Vacío de ti

Vacío en el alma por no poderte encontrar.
Vacío en las cosas, vacío en las sombras, vacío en mi espejo.
Vacío insaciable en esta tarde con esperanza de abril.
Vacío incurable en estas manos que escriben para ti.

Vacíos que te persiguen, vacíos que te acorralan, vacíos entre estas letras que
quizás no llegarás a oír.
Vacío insaciable en esta tarde con esperanza de abril.
Vacío de tanto buscar. Aún no encuentro el lugar, donde mis cabellos quieren
reposar.

Vacío de tanto esperar esa mirada que me haga volar.
¡No estás! Un espejismo en mis sueños no termina de revelarme dónde estarás.
Mi espera se calma, tu sombra la aguarda.
Mi espera desespera... no vienes, no te pierdes, no me encuentras, no estás.

Vacío insaciable en esta tarde con esperanza de abril.
Vacío incurable te anhela a ti.
Vacío inquebrantable no quiere huir sin ti.
Vacío en amores que no llegan.
Vacío en amores que no se van.
Vacío que me persigue hasta que te pueda hallar.
Vacío insaciable esta tarde con esperanza de abril,
anhelando que venga con olor a ti.

Sin manual

Es bueno perderse cuando sirve para encontrarse poco después.

¡No te quedes donde no amas!

¡No te quedes donde no eres feliz!

Recuerda aquellos días de tu infancia, tu mayor preocupación la podías olvidar minutos después.

De cada etapa que pasamos tuvimos que aprender y luego en un abrir y cerrar de ojos, esta etapa de tu vida ya no la podrás ver. Pasará de realidad a recuerdo, te dará eternidad a través de un sueño. ¡Pero no volverá a ser tu presente como ahora lo es!

¡Despierta de tus errores! ¡Deja de huirle a la soledad!

¡Conquista tu propia vida, que nadie más la pueda controlar!

No hay un manual para vivir pero si de algo estamos seguros es del misterio de morir. Sin aviso, sin prólogo, sin espera.

¡Algunos se asustan! Me parece lo más hermoso de existir. Desde el comienzo nos enseñan a valorar los instantes. Es tan maravilloso vivir que debemos sonreír por no saber cuándo nos tocará partir.

Los misterios de existir son tan grandiosos, que le hacen guerra a lo que nos quieren infundir. El dinero es el principal motor de todos aquí pero al morir, solo tu alma va a sobrevivir.

Enamórate de verdad, entrega todo al amar. Cree en la amistad. No defraudes a tus amigos, ellos siempre estarán.

No huyas de tu realidad, afronta tus procesos, te harán crecer más. Una sonrisa, por este nuevo despertar. ¡Un milagro más sin contestar! ¡Eres magia para este lugar!

¿Te volvió a ganar el orgullo?

La soberbia es experta matando anhelos.
Silencios otorgados por no saber decir "TE QUIERO".
El orgullo va ganando mientras más días estés callando. ¿Qué esperas? El tiempo sigue andando y tus sentimientos en las sombras se están quedando.
¡Llena vacíos con tus palabras!
¡Libérate del peso de silenciar tu alma!
Si te tardas, puede adelantarse el olvido y en un descuido...
¡Otra historia se habrá ido!

Persiguiendo sueños

Para lograr el éxito hace falta creer, fabricar sueños, no dejarlos caer. Sostenerlos despacio, alimentarlos con fe.

Salir de tu cuarto, empezar a crear. De ese sueño irreal, se formará tu verdad, y si te dicen: "No lo vas a lograr", que sirva la negativa para ayudarte a deslumbrar.

En una lágrima... La bienvenida al fracaso. ¡Te caíste por primera vez pero desde el piso, lograste crecer! Otro paso hacia adelante, creyendo en tu ser.

Empezaste a entender que sin fracasos el éxito no tiene el mismo poder.

¡Si te esfuerzas más!

¡Si no dejas de confiar!

¡Si trabajas duro!

¡Tu sueño podrás observar! Y antes de darte cuenta...tu sueño podrás tocar. ¡Lo lograste! –te dirán–. Solo tú sabrás, que es el comienzo de tu verdad.

Mil sueños alcanzarás... ¡Conseguiste la clave para triunfar! De la tristeza te nutrirás y cuando las pesadillas tomen lugar... el miedo para ti, empezará a trabajar. Enfrentarás tus fantasmas, en el espejo podrás observar: Un alma real, sin vanidades, con humildad.

Un alma entendió que perder forma parte de ganar.

¡Que sin dolor no sabría tan bien la felicidad! Y en otra lágrima tu sonrisa hallarás. La misma, te contará que ser valiente no es opcional cuando mil sueños esperan por ser realidad.

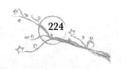

Con un suspiro

Con un suspiro, nace el amor, se aleja el olvido.
Con un suspiro, tus manos y las mías, van tejiendo un camino.
Con un suspiro, llega la noche, invade el frío.

Tus manos y mis manos cantando al destino.
Con un suspiro, un te amo no dicho, se acerca a lo prohibido.
¡La luna como invitada de honor! Con un suspiro, dos corazones se desnudan en un descuido.
¡La luna se duerme con el silencio de sus preferidos desconocidos!
Con un suspiro... El amanecer alumbra un gemido.
El sol se une a la celebración, dos miradas se pierden en la pasión.
¡Llegó la hora para hablar de amor!
El idioma preferido del corazón.

Mi mejor pretexto

Te recuerdo, te anhelo, te imagino, te admiro, te espero.
Entró la razón, su motivo: tu adiós.
Sin anticipación, sin advertencia, sin discusión.

Un hueco al corazón, se hundió la cognición.
Duele una ilusión que se perdió al entender, que no te podría volver a ver.
La efímera nostalgia de querer lo que no puedes tener insiste en tu presencia.
Persiste al buscarte entre la ausencia. No desiste ante la intermitencia del recuerdo de tu apariencia.

¡Memorias! Alimentan mi esperanza. Navegando en dirección de sus recuerdos, no hay espacio para un próximo olvido.

Mi corazón respira tu aroma a través del tiempo.
Mi corazón escucha tu voz entre versos.
Mi corazón siente tu abrazo.
¡Toca la puerta la razón! Quiere explicarme que solo es una alucinación. Pretende alegar que es un espejismo y no una verdad. –La verdad es subjetiva –responde mi amor.
La razón enojada explicó que el cielo te posee. Pero no hay forma de olvidar esta manera de amar.
Otro día más, te extraño al respirar pero la razón no logra ganar: No te dejaré de amar.

La esperanza de un futuro encuentro, sigue siendo mi mejor pretexto.
Un día como hoy te fuiste sin opción.
Un día como hoy sonrío en tu honor.

Amor sin respuestas

El amor se crea con la esperanza de eternidad y con el miedo de no saber si perdurará.
La ilusión de creer sin saber si vas a perder.
Una gota de pasión para que perdure el amor.
¡Esperanza para contrarrestar cualquier futuro dolor!
¡Creer en lo que no puedes saber!
¡Sin conocer el futuro te atreves a querer!

Otra noche más sin comprender, sigues amando sin temer.
Prefieres amor sin respuestas que presente en soledad, por miedo a encontrar un instante que rompa tu paz.

Como un pájaro

Si debes conocer a alguien nuevo, será para mejorar.
No forzando algo por no saber esperar. El destino no se equivoca, nos da lecciones y aunque duela, son necesarias para madurar.
Las decepciones pasadas te servirán para valorar la próxima historia que vivirás. Si en algún momento dejas de creer... te esperará una sonrisa y será el indicio de tu fe. Si en algún momento temes volver a querer... te esperará un corazón con la capacidad de sanar todo el dolor con un beso y una flor.

Un encuentro que perduró, un detalle que jamás se olvidó, un corazón que sintió de nuevo la conexión, volviendo a confiar en el amor. Y así... ¡Cupido otra flecha lanzó!
Otra historia por comenzar pero esta vez... Su flecha está en el preciso lugar, donde desde el principio, debía estar.
Cupido lanza flechas de amor y desamor. Por cada malquerencia nacerá una nueva ilusión cargada por la pasión del aprendizaje que el dolor te enseñó.

Maduro para amar, serás capaz de enamorarte de verdad.
Los errores pasados servirán para no volverlo a arruinar.
Si lo hiciste todo bien, no era tu persona, lo tenías que vivir para crecer. El sufrimiento no es opcional si se trata de amar. Pero si es amor de verdad, con un suspiro el dolor se irá y siempre con un beso despertará la duda de saber si existe la eternidad.

Aunque nunca lo sabrás, lo puedes intentar.
Conquista el tiempo al amar, dejando de pensar en el final. Si llega a terminar, no es el final, otra historia te alcanzará hasta que estés en la correcta y en medio del azar, un día sabrás, que el tiempo nunca lo podrás manejar.
Encontrarás la eternidad en un instante, no querrás retener al amor, como un pájaro volará tu corazón.
Tu alma sabrá que no existe tal soledad, solo llega cuando no te puedes hallar.
Pero esta noche. ¡Te pudiste encontrar! ¡Eres eterno en soledad y serás eterno al amar!

Un vaso de motivación

Busca tu motivo para ser feliz.
No sabes el final, es mejor sonreír por lo incierto de existir.
Valorar y apreciar los regalos de la naturaleza...
Sorprenderte con los detalles que pasamos desapercibidos.

Cada amanecer, los rayos del sol, el infinito universo, las estrellas entre la oscuridad, la luna acompañándonos en sus diferentes fases, las maravillas naturales, los seres que nos rodean, lo sublime del tiempo, los sentidos, la gran fuerza del amor, el poder del destino.
Las palabras volando y haciendo puente para llegar a otros seres, para traspasar las fronteras y tratar de quitarlas con el paso que llevan.
Tantas cosas para ser feliz y algunos se quedan en las pequeñeces que los hacen sufrir.
¡Despierta de ti mismo!
¡Sonríele a tus dudas!
¡Abraza tus miedos!
¡Empieza la batalla de la felicidad liderada por las ganas de triunfar contra la apatía de no observar!

Amores de Papel.

Un escritor se enamoró de ti.
Te escribe en el recuerdo
Te revive aunque su amor no sea eterno
Te cita en la distancia
Te nombra en el olvido.

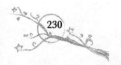

PD: No te enamores de mí

Serás eterna a través de mis letras.

Viajarás a través de mis palabras que se perderán con el viento para traerte de vuelta con otro verso.

Quedarás grabada en las líneas de mis memorias, que entre pluma y papel describirán tu aroma.

Te haré saber lo que significa querer y en una carta entenderás que siempre serás; destinada a jamás caducar. Mis palabras viajarán a través del universo y llegarán a un lugar donde no existe el tiempo.

Musa inmortal que entre letras has de brillar. No te enamores de mí, me tendrás con lo real y con lo onírico.

Un sublime suspiro alejará el indicio de olvido. Y en un recuerdo aturdido pensarás en mí sin tener motivo.

Una botella perdida en el mar, llegará a ti como algo casual, comprenderás que mi huella se quedó atada en tu mar, imposible de borrar y mucho menos poder reemplazar.

No te enamores de mí, susurraré suavemente a tu oído. Me harás saber que es un caso perdido. Y en el éxtasis de un gemido, otra palabra tocará tus sentidos...

Muy tarde para el olvido, muy tarde para no enamorarse de lo prohibido.

Entre miradas

Y entonces me encontraste, no viste mis ojos, observaste mi mirada. Me quedé prendada, a esa otra mirada que no me soltaba. En ella se hallaba un alma con ansias de ser rescatada.

Comprendí en ese instante que pocas veces prestamos atención al lenguaje mudo de las almas; ese que habla a través de las miradas.

Una conversación a través del silencio me dejó con ganas de enseñarte un poco sobre el amor. Más tarde comprendí, fui yo, quien aprendí de ti.

Por tu ojos, un mundo.

Por tus manos, mi inocencia.

Por tus labios, mi libertad.

Y por tu corazón... No habrá un precio justo que le llegue en comparación pero te entregaría lo mejor de mí esperando hacerte feliz.

Mi pasado tiene tu huella.
Mi presente tiene tu piel.
Mi futuro aclama tenerte en él.

Eternamente

Tan fugaz y velozmente, entendí el significado del presente. Eternamente, sinónimo adecuado cuando hablamos de la muerte. ¡Imposible que huyas de mi mente! Eternamente será consciente, quererte no significa poseerte.

Eternamente, un pensamiento te trae de vuelta a mi inconsciente y en sueños me encuentra la utopía de poder tenerte.

Eternamente...
El espejismo de tus besos está latente. Y me río de lo efímero sabiendo que jamás podrá esconderte porque eternamente encontraré la forma de volver a verte.

A ti

A ti que con tus besos curas heridas.
A ti que vienes y te vas, me sabes curar y también tienes un don especial para olvidar.
A ti que me inspiras a ser más, de tu mano quiero caminar aunque me queda claro que como vienes te vas...
A ti que robas suspiros, a ti que te contemplan varias mentes imaginado tenerte en noches inherentes a las posibilidades.
A ti que robas miradas al andar, tus sueños buscas conquistar.
Sigues caminando sin parar, tras de ti, corazones te aman sin esperar, solo les basta quedarse por segundos en tu forma de mirar.
A ti musa de musas, con tu sonrisa todo lo puedes lograr.
Sigues respirando y mientras tanto a muchos inspirando.
Musa de las noches tristes y de las más grandes alegrías.

¡Veo almas, no cuerpos!

Desde hace un tiempo no veo cuerpos...
¡Veo almas! ¡Almas que buscan insaciables!
Almas que persiguen sueños.
Almas que cambian el mundo.
Almas que miran hasta llegar a observar.
Almas que se dejan llevar.
Almas que no esperan nada.

Almas que se ven como cuerpos; que se dividen por razas; que se separan por moldes; que se lastiman con prisa; que se distancian por celos; que se aman por físico...
Almas que aún no saben que son ¡Almas!

Mi dirección

Si te preguntas, ¿en dónde estoy?
Si quieres saber mi dirección, el lugar en donde guardo mi corazón.
En algún lugar me encuentro recordando tu voz.
En donde habita la intermitencia del amor...
¡Esa es mi dirección!

Aquel lugar donde murió una flor y con ella una ilusión.
¡Un lugar donde se ha perdido el olvido!
¡Un lugar donde el crepúsculo trae tus recuerdos!
¡Un lugar donde se quedó sin recursos la nostalgia de tanto extrañar y quererte observar!
¡Un lugar que descubrió el tiempo perdido muy tarde para valorar lo que no es posible recuperar! Vivo en una calle sin nombre en una casa llamada "Quizás", donde todo es posible menos poderte tocar.
Una ilusión murió, su partida la esperanza alcanzó y con ella comenzó, la música que las musas crearon para despertar un corazón que se apagó. Un corazón pensó que caducó cuando su más grande ilusión se esfumó.
¡Las musas y su melodía! Un corazón en agonía, comprendió que aún vivía, sin la presencia de su más grande compañía.
Mi dirección... Un hogar que revive cada día la inocencia, después de morir por la crueldad de saber que no tiene tu presencia. ¡Revive por los recuerdos que batallan fuertemente con tu ausencia! Decaen y se levantan... Vuelven a caer y resucitan despejando el ayer.
Pistas de mi dirección que no encontrarás... Porque estás muy lejos de este lugar pero tal vez en sueños lo puedas hallar, partiendo de la premisa de vivir en el quizás.

¡Que tu único vicio sea creer!

¡Una adicción por entender las bellezas que nos ofrece cada nuevo amanecer! Ir por la vida observando los detalles, valorando los instantes, sonriendo a la crueldad, buscando entre lo efímero pequeños pedazos de eternidad.

Todos somos hermanos de este planeta que llamamos Tierra. Canalizar la energía para ver lo hermoso del universo. Entender que somos pequeñas partes del infinito.

Las estrellas me recuerdan lo relativo de la verdad.

La existencia me da motivos para sonreír.

Lo inexplicable me hace feliz al lograr canalizar lo inmenso de nuestro sentir.

Érase una vez...

Érase una vez... Un dragón enamorado de una princesa.
Se enamoraba mientras ella sonreía.
Se enamoraba, ella no lo sabía.
Se enamoraba mientras ella existía.
Se enamoraba mientras la perdía.

La observó durante años, amándola sin decirlo.
Un amor que en su inicio no era recíproco.
Un corazón que se alimentaba de ilusión.

El tiempo transcurrió, el amor no caducó.
Otras historias llegaron, pero fugaces se marcharon.
La princesa encerrada en su amor efímero, vislumbraba la eternidad que solo
en los ojos del dragón se hallaba. Un encuentro casual abrió paso a los silen-
cios... cargados de palabras traducidas en miradas.
Después de años de amistad... Años de amor queriendo ser descubierto. Años
de extrañar sin haber comenzado. Años de saber que sus almas destinadas
a ser, juntas iban a prevalecer, logrando vencer los obstáculos que la vida les
pudiera tender.
Después de tanto... ¡La princesa consiguió vencer el miedo!
¡La princesa cedió ante el amor! La princesa entendió... Que la paciencia del
dragón conquistó su corazón que jamás buscaría otro hogar que no fuera el
de su amor.
Y el dragón felizmente al verla venir contestó... "La paciencia no se fuerza,
nace de querer sin esperar pertenencia".

Un amor perduró y hasta la luna de hoy sigue viviendo a través del tiempo,
alimentándose de recuerdos y cosechando nuevos momentos.

Para quienes corren detrás del amor

A veces hay que detenerse y esperar. El amor no se busca, él te encuentra. Y lo que está destinado a suceder sucederá.

Si dejas de correr, tal vez te atrape un sueño.

Si dejas de correr, tal vez te atrape una ilusión.

Si dejas de correr, tal vez al amor se le haga más fácil conseguir tu corazón.

Si dejas de lanzar flechas al azar buscando conquistar... Una mañana llegará eso que siempre quisiste encontrar.

Si dejas de indagar en otras vidas para apagar la soledad, una noche en tu propia compañía encontrarás la paz y cuando menos pienses estarás preparado para amar.

En ese preciso instante, una historia hará realidad los anhelos que hoy quieres transformar de ausencia a presencia; de inexistencia a existencia; de onírico a real.

Tus vacíos no los llenará una compañía, serán vacíos compartidos.

Llénate para poder llenar y el amor te irá a buscar.

Solo en ese instante podrás amar de verdad...

Momentos de desasosiego

Momentos de desasosiego, persecución y llegada de lo incierto.
Miedo a lo infinito, sobresaltos nocturnos.

Despedidas ciegas... Callejones solos, silencios peligrosos.
Ausencias que regresan para resaltar vacíos.

Inconsciente alterado, quiere ser escuchado.
A través de sueños, deja su legado.
Inconsciente abandonado, hace saber que sigue a tu lado.

Pesadillas: afirmación inequívoca sobre la existencia humana.

Por un mundo

¡Por un mundo en el que la política sirva para acabar el hambre!

¡Por un mundo donde los grandes exponentes mundiales vayan a las calles buscando prioridades!

¡Por un mundo en el que no seamos divididos por ideas, sino que respetemos las ideas!

¡Por un mundo donde nos enseñen a ver los ojos, no la ropa! ¡A ver el alma, no la clase!

¡Por un mundo donde se valore el tiempo más que el dinero!

¡Por un mundo que rompa la apatía de vivir sin conseguirle el sentido a nuestro existir!

¡Por un mundo donde todos hagan lo que aman!

¡Por un mundo donde la religión y la política se desinfecten!

¡Por un mundo donde se enseñe el respeto!

¡Por un mundo donde nadie duerma sin comer!

¡Por un mundo donde se respete la vejez!

¡Por un mundo donde aprendamos que nuestra casa es La Tierra!

¡Por un mundo en el que se combata la maldad con arte; la nostalgia con besos; la ira con risas y las verdades... ganen la partida a tanta mitomanía!

Búho

Por el hecho de quererte y no extrañarte... creo que empiezo a olvidarte, tal vez una alusión a lo que fue terminaría por desojar lo que será; y el sinsentido de vivir dejaría de importar.

Tratando de callar palabras absurdas.

Buscando en una flor las agujas del reloj.

En el tiempo prohibido por fin volveré a ver a esa tierna bebé que con llantos imploraba volver a su cárcel...

Quisiera entender la analogía del ser, temiendo a su vez encontrarme con algún "porqué"...

¡Qué efímero desperfecto tan ensordecedor que calla todo lo que ve! Quiere hacerse escuchar y la gente solo lo quiere callar.

¡Qué hermosa esta vida que no sé vivir! ¡Qué hermosos tus ojos la noche de abril! ¡Qué esplendida manera de vivir!

Supe cuando te vi, algo aprendería de ti.

¡Oh hermoso búho, ayúdame a conocer las palabras! ¡Ayúdame a entender los errores, a comprender el instante y a valorar las cenizas!

¡Qué abrumador sabor el de la emoción! A veces cuando hablo siento el silencio y mientras callo... conozco el tiempo.

Una palabra sin pronunciar

Una pregunta por contestar, una respuesta que tarda en llegar.
Una palabra sin pronunciar.
Una ilusión que como viene se va.
Una sonrisa que se difumina en el mar.
Y otra historia sin terminar que se ahoga antes de llegar.

El amor depende del creador
Son sus creadores los que lo convierten en eterno o solo en efímera atracción que termina tan rápido como empezó.

El amor es creación y se puede comparar con una canción.
Hay amores de amores y amores de un rato.
Amores de amores... Esa canción que aunque pasen años no te cansas de escuchar. Aunque el tiempo transcurra sigue siendo el sonido que en días tristes te hace respirar.
Amores de un rato... Esa canción que escuchaste y te impactó. Abusaste de su ilusión. Quisiste repetirla y con su sonido ser feliz, hasta que un día te cansaste y nunca más la quisiste oír.

Quédate

Quédate cuando la soledad me arrope.
Quédate cuando la distancia lance flechas para hacer llegar el olvido.
Quédate en silencio.
Quédate en las noches con fuga de recuerdos.
Quédate y no cedas ante la desesperanza.
Quédate en mi amor y no te pierdas por temor.
Quédate aunque me equivoque, quédate aunque te vayas y buscaré la manera de lograr ir.

Quédate en el perdón.
Quédate en la alegría de conquistar el amor.
Quédate entre mis brazos.
Quédate aunque pida que te vayas, pues en silencio desearé tu mirada. Quédate en la sonrisa inspirada por dos corazones que se quieren y se alejan.

Quédate en las huellas que se cruzan.
Quédate en la sombra de lo efímero convertido en eterno.
Quédate en lo incierto.
Quédate conmigo.
Aunque te vayas.

Un día especial

Almas vienen, almas van, la tuya se quedó grabada en mí andar.

Y hoy que no sé dónde andarás, me pregunto si tal vez... mi recuerdo también te ha de arropar.

Un instante y una canción.

Un verso y una acción.

Una lágrima y un adiós.

Hoy vuelo a través de los sueños que dejaste tratando de alcanzarlos por ti.

El adiós ya llegó, ya me acostumbré a la ausencia de tu voz. Sin embargo, tu mirada jamás de mis ojos se perdió.

En este día especial me bastaría con poderte abrazar.

Un cielo de distancia nos separa, pero un corazón lleno de amor nos une eternamente.

Me gustaría poderte alcanzar y como en los cuentos, con un beso, hacerte regresar. Pero en la realidad, tú ya no estarás.

En tu cumpleaños un regalo especial...

¡Alegrar vidas en tu honor como respuesta a la gran lección que me dio tu corazón!

No temerle a vivir, buscar siempre un motivo por el cual existir. Tantas lecciones... Solo una no aprendí, y es que no entendí el capítulo donde me enseñaste cómo vivir sin ti.

Como maestra solitaria de mi vida sin ti...mi primera lección: Visitarte en sueños, amar lo perecedero y comprender que no deja de existir algo porque no lo puedas ver.

¡Lo eterno no es lo que no muere! Eterno es lo que se mantiene intacto aunque el tiempo trate de barrer los instantes.

Eternidad es tener la valentía para discernir entre estar y no estar. Comprender que quien deja su huella y te hace mejorar, jamás se ha de marchar. Tu cumpleaños... ¿Qué más puedo decir? ¡Gracias por todo el tiempo en el que me hiciste sonreír!

Haces mucha falta por aquí y hoy que te extraño... Espero el viento te lleve estas letras y sepas que en La Tierra mucha gente hoy piensa en ti.

Detalle al azar

Si hoy te sientes triste, observa el cielo, el universo te envía detalles para hacerte feliz.

Si te sientes triste, te quiero dedicar la estrella que en el cielo brilla más, solo si una sonrisa de tus labios logro inspirar.

Si preguntas...

¿Por qué me importa tu bienestar?

Algunas noches la tristeza toma lugar, me hubiese gustado encontrar un detalle al azar que me hiciera reaccionar y disfrutar respirar. Así que hoy, un desconocido te invita a pensar, que algunas veces en los detalles se esconde la felicidad.

Tu sonrisa me hace pensar en el hilo invisible que une nuestras almas y hoy llega para hacerse notar.

Utopía de amor

El amor no se trata de estar o no estar, se trata de entender la simbología que representa el otro ser. Cada segundo depende del momento pero nunca cesarán los pensamientos.

En unos pocos minutos puedes pensar un millón de recuerdos.

El amor se centra en la recopilación de memorias, en querer y dejar querer.

Lo que nunca se olvida es lo que de verdad se amó y aunque no cesarán los errores, las virtudes se multiplicarán por nueve y borrarán cada error... solo si son verdaderas virtudes, no accesorios que utilizan algunos amantes para poder decir "Yo sí la amé".

El amor son dos almas que se juntan y aunque se desprendan no se podrán olvidar. En el silencio se encuentran los pensamientos de esas dos almas que, sin saberlo, están destinadas a volverse a juntar.

Aún esta noche sigo creyendo que algún día... nos volveremos a encontrar.

Yo te amaba

Cuando tus besos acariciaban mi cuerpo, yo te amaba.
Cuando cada mañana despertaba queriéndote u odiándote, yo te amaba.

En cada roce que se fue.
En el delirio del ayer.
En las causas que no existen,
los fantasmas que persisten.

El dolor convertido en desamor.
La ilusión basada en la traición,
y en la ausencia del perdón,
Yo te amaba.

Te amaba mientras callaba, mientras buscaba el placer mundano, encontrando solo el polvo de corazones malheridos.

Y en los intentos fallidos de olvidarte... Te seguí amando.

¿Qué línea transparente separa la vida de la muerte?

Un corazón que sueña con amar pero también con muchas otras cosas más. Un mundo interno capaz de transformar el aire con solo respirar.

Una manera de existir que muchos se niegan a aceptar y forma parte imborrable de mi verdad. Salir de la costumbre, atravesar los miedos, saltar por la oscuridad, viajar en los rincones de tu consciencia para observar, volar dentro de tu alma, tener la paciencia para aceptar la soledad, observar el universo, nadar entre los versos, acariciar con palabras, entender la muerte... ¡No temerle a morir pero sí tener miedo a existir sin un verdadero motivo como impulso para seguir!

¡Voy soñando con ser más!

Sueño con conocer. Sueño con buscar pero preferiría que me encuentren o encontrar por causalidad sin la desesperación de hallar.

Mis sueños viajan alrededor de mí, imposibles de ocultar...

Me recuerdan que debo persistir en este mar.

Nadando sin nadar, dejándome llevar.

Creando y creciendo.

Escapando y volando.

Y es que mis sueños van más allá del amor... Sueño con amar pero mi verdadero sueño es alcanzar esos mundos que solo aparecen al desconectarme y cerrar los ojos. Ahí los vivo. Luego solo los imagino.

¿Qué línea transparente separa la vida de la muerte?

¿Será la misma línea que separa la realidad de lo utópico?

¿Qué separa lo onírico de la verdad?

¿Cuál es la verdad? Prefiero pensar que se trata de observar, de sonreír, de mirar, de tocar y de sentir.

Se trata de los sentidos, ahí está el antídoto para la tristeza.

Tantas cosas en mi cabeza...No siempre es la eternidad de amar, ese pedazo infinito es difícil de encontrar. Pero al hacerlo, por favor, no te olvides de todo lo demás.

Busca el equilibrio perfecto y perdurarán tu amor y tus sueños volando sin parar. ¡Así ninguno perderá su libertad!

¡Sueños envueltos en amor! Me parece que no hay nada mejor.

Silencios compartidos

El silencio se encuentra cargado de las palabras no dichas...
Las más fuertes de las palabras se esconden detrás del silencio.
Mejor no interrumpir los silencios; mejor no traducirlos en palabras.

Entender el significado mudo de cada uno de los silencios.
Sin necesidad del lenguaje oral; podernos comunicar.

Miedo de quererte dice este silencio.
Miedo del presente callan las palabras.
En silencio comprendo que quererte es igual a perderte; porque contigo entiendo, que amor es libertad.

Dejarte libre, quererte a instantes, entregarme y desprenderme, ilógica solución para el mal de amor.

En silencio... Las palabras bailan con una bienvenida y se besan con una despedida. Dejando de nuevo muda la desilusión.
¿El miedo? El peor antídoto contra el amor.
¿El pasado? El peor veneno para matar una nueva emoción. Siempre ahorcará cualquier indicio de volver a comenzar.
En mis silencios, te quiero y te olvido.
¡El miedo y tu pasado siguen como cómplices mortales!
En mi silencio te quiero libre para no perderme cuando no estés. Y en mi silencio te seguiré aunque en ocasiones no me podrás ver.
Este silencio cargado de nostalgias, de apatía y de gracias; te recuerda como el sinónimo de la alegría pero también del de la cobardía de no cerrar una historia ya leída, para comenzar a escribir por miedo a dejar ir.

¿Dónde se esconden los poemas?

Un lugar de sombras, un lugar de paz, un lugar de luz, un lugar de oscuridad. El equilibrio perfecto entre el bien y el mal.

Los más profundos pensamientos de la humanidad: un poema vuela, viene y se va.

Corazones rotos, tristezas huérfanas, preguntas sin respuestas, rincones hechos de sueños, y una lágrima que abre paso a la felicidad.

Otros mundos

Esconderse detrás de la realidad.
No improvisar sobre el bien o el mal.
Dejarse llevar por lo efímero y lo casual.
Habitar dentro de un largo sueño...
Esperar... Seguir caminando sin pensar que solo lo que podemos ver es lo real.

No agotar la posibilidad de estar imaginando lo que ha de llegar.
No indagar en la soledad...si viene recibirla sin pensar en las tristezas que esconde dentro de su apacible silencio, que agota esperanzas si piensas; y que atrae la magia si te dejas llevar por el sonido que causa escuchar tu voz, escondida en inmensa paz.

Otros mundos crecen dentro de mi realidad.
Estacionar en el presente y tratar de volar aunque mil intentos te den golpes con sabor a derrota.

¡Sin pensar en fracasar! Seguir tratando de volar hasta que con un pájaro logres hablar y recorran los cielos sin pensar en bajar.
No estaciones en tus errores.
Sigue el recorrido por tus fracasos hasta habitar la autopista del éxito.
Otros mundos veo... ¡Mundos de hadas! ¡Mundos de luz! ¡Mundos internos! ¡Mundos con magia! ¡Mundos reales que algunos piensan son falsedades!

Sin especular en lo irreal... En mi mundo habitan otros mundos que solo yo puedo ver.

¿Sueños? Utopía de creer lo que a simple vista no se puede ver.

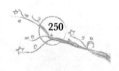

No es para tanto

No es para tanto, no te dejes enganchar, a veces es mejor esperar, tener paciencia y aguardar sin quedarse donde no hay lugar.

Mucha importancia para la ocasión, otra estrella fugaz pasó y la ignoraste por tu consternación. ¿Por qué definir el amor? Sin peleas, sin discusión, si no ocurre, no ocurrió. No te lamentes por tu error, más adelante sabrás el motivo de su aparición.

No es para tanto, sonrió el sol. ¡Busca tus maletas! La vida te espera mientras que la efímera aparición se irá borrando de tu corazón.

Tu imaginación jugó, en un sueño te hizo idealizar para que luego pudieras despertar con la decepción de no encontrar lo que te hace volar.

Sin lamentos, lo que no sucedió, por alguna razón el destino no accedió, no estuvo de acuerdo, no lo permitió.

Sigue andando, el amor se esconde detrás de la armonía, detrás de la paz de disfrutar de tu propia compañía.

Después del después

Si no arriesgas no podrás ver.

Después de un beso, tal vez... No lo haces por temor.

Después del después... Un beso puede marcar el inicio o la despedida del amor.

¿Qué hay después? Cajones vacíos, ilusiones rotas, corazones con nostalgia de añorar lo que no se animaron a intentar.

¿Después del después?

No importa lo que habrá. Imposible alejar la energía que te impulsa a hablar aunque el silencio te haga las palabras ahogar.

¿Después? Un para siempre o un momento que signifique la eternidad sin atar. La eternidad sin amarrar, disfrutar viendo volar.

¿Después? Siempre será mejor apostar por lo que te impulsa a amar aunque pueda ser se aleje al despertar.

Al pestañear, podrías encontrar otra razón para insistir aunque la indiferencia marque resistencia...

¡Querer sin necesidad de poseer! Querer sin entender, muchas veces, se quiere en la lejanía aunque esa persona no sospeche de tu simpatía, quizás su alma te escuche dormida

Sonríe

Sonríe, la vida espera por ti.
Sonríe, empieza a sentir.
¿Algo te hace sufrir?
Escoge aprender para luego poderte ir.

Sonríe, ¿tienes algo qué decir?
Aprovecha y déjalo salir.

No esperes una ocasión especial,
a veces valorar el tiempo es crucial.

Sonríe, puedes alumbrar, no dejes que las tristezas tomen lugar. ¡Sonríe! Deja a
tu alma brillar, no la atormentes y la obligues a escapar. ¡Observar más allá!
Ver en las miradas algo especial.
El candado en el que ocultas sentimientos traducidos en palabras, no se abri-
rá. Solo tú tienes el don de poderlo liberar.
Un nuevo día para comenzar, el reloj espera por ti.
Las ocasiones te quieren decir que no prives las ganas de decir lo que desde
hace tiempo temes sentir pero sigue ahí.

La felicidad vive dentro de ti. El amor te aguarda, paciente espera a que puedas
crecer y aprender para que luego lo puedas ver.

El físico se va, la sociedad no te acompañará, todo por lo que te preocupas no
estará cuando el tiempo transcurra, cuando la vejez tome lugar y te arrepien-
tas de lo que dejaste de hacer por temor a perder.
¡Sonríe! Te queda mucho por vivir.
¡Sonríe! Que la realidad se duerma y deje actuar tu corazón, a veces los sueños
tienen la razón.

Lienzo en blanco

Errores, equivocaciones, emociones, aprendizaje, amores, lealtad, soledad, comienzos, libertad, sueños, expectativas, tropiezos, silencios, susurros, palabras, arte, creación, amistad, perdón, evolución, tristezas, felicidad, alegría, sonrisas, ilusiones...

¡Solo tú puedes decidir con qué colores pintarás el lienzo de tu vida! Está en blanco y no puedes borrar; lo que elijas será parte de tu realidad aunque luego otro color venga a cubrir la antigua emoción.

Si pintas con el color de la felicidad lo que estaba cubierto de tristezas, el recuerdo de la tristeza no partirá pero lo recordarás sin que te pueda afectar y con una sonrisa podrás continuar.

¡Empieza a pintar! Eres el artista de tu viaje por este lugar.

¡Qué la creatividad toque a tu puerta!
Un lienzo en blanco tienes para empezar.

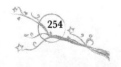

Amor sin idealización

No existirá jamás un amor perfecto, sin tristezas, sin distancia.

La vida en sí, está repleta de altos y de bajos.
Hay que tener la capacidad de amar sin esperar constante felicidad y ahí estará.

No idealizar el amor como una nube de emoción que jamás tendrá ningún sorbo de decepción.
En la distancia se pueden inventar motivos para llegar a la cercanía. No es preciso quedarse en la tristeza; el amor real las atraviesa, sale de ellas y las convierte en sonrisas.
Si el amor que sientes te regala más desesperaciones que alegrías, no es el indicado y tampoco te debes quedar en el dolor por no dejar ir.

El amor quiere en libertad. Cuando amas las ilusiones se transforman en felicidad y aunque no sea un amor en sincronía, aunque a veces ames más, ese amor te llenará, si no te llena, pregúntate si en principio, podrías llamarle amor.

Reinventando el amor

Tengo ganas de ver a alguien y sonreír.
Tengo ganas de vivir, sin necesidad de mentir.

Tengo ganas de no tener que fingir para hacer a alguien feliz.
Amar sin quitarse las libertades, amar sin necesidad de celar, no agotar las ganas por alguien más.

Amar sabiendo que no te pertenecerá, que quizás una mañana no estará y deberás verla volar, sin romper sus alas para poderla atar.

Tengo ganas de aprender, adquirir experiencias, mejorar la esencia, anhelar entender más de nuestra existencia.
Tengo ganas de correr, perderme y volver, para tomar otro rumbo aun sin saber si es o no es. De la caída, crecer, con cada piedra un nuevo poder.
Tengo ganas de un instante, de un beso sin porqués, una energía que emana querer sin ni siquiera imponer tener.
¡Tengo ganas de reinventar el amor! Que tus amigos no se tengan que ir, que tu vida puedas seguir sin cambiar por complacer, sin parar por tu tiempo a otro tener que dar.

Tengo ganas de amar sin lastimar, sin agotar la eternidad, sin promesas huecas, sin exigencias… ¡Tengo ganas de amar porque aprendí a estar en soledad y no porque le huyo y me busco llenar con alguien más, aun sabiendo que no sucederá!
Tengo ganas de un amor de verdad, un amor que te sume. Un amor que invente un nuevo juego de enamorados, donde sin necesidad de restar te dé razones para alcanzar el éxtasis al mirar.

Con cada roce una bienvenida, con cada palabra una alegría.
Con cada acción, gotas de ilusión que se traducen en pasión.

Un amor distinto, un amor escrito en barcos de papel, no tienen que volver, porque estarán en tu piel.
¡Un amor sin limitación!

Un amor que no le teme a la decepción, solo se limita a la emoción de un instante sin la precaución de un futuro adiós.

Traducido en error

Desde el corazón, sin aceptar tratos con la razón te quiero decir: hay que dejar de vivir tratando de conseguir respuestas, hay que disfrutar de las preguntas y fusionarlas con las experiencias.

Podría saber muchísimo del amor y poco de la vida, mas sin embargo, Cupido no sabe amar. Así, de repente, desde aquí, les aconsejo sentir, no reprimirse... Solamente vivir.

Muchos desesperados por sentir dejan de percibir que hay amor solo al existir. Cuando las ganas te limiten y dejes de sentir, trata de revivir, pues eres amor solamente por estar aquí.

¡Entrega tu amor! ¡Libera tu amor! No reprimas tu ilusión. Ama a quien está a tu alrededor sin que necesariamente sea esa persona con la que vas a convivir.

Ama sin condición y Cupido estará ahí. Cuando te expandas, cuando no esperas recibir, cuando no sientas temor por decir eso que desde adentro hace tu corazón latir, entonces... Sabrás la realidad sin necesidad de los secretos de Cupido escuchar.

Cupido sufre con cada desamor para luego reírse de la decepción sabiendo que próximamente se convertirá en una nueva forma de amor.

Todos irradiamos luz, todos tenemos la voluntad de amar pero pocos se lanzan al naufragio de dar sin esperar. Disfruten del atardecer y recojan de él lo que les ha venido a ofrecer.

Recuerden: en las flechas equivocadas podrán acertar, solo si se alejan del error para avanzar.
¡No puedes dejar de creer!
¡La gente huye por miedo!
¡Que te rompan el corazón es mejor que vivir del temor!

Eres fuerte y eres luz. Tú escoges aprender de la equivocación o quedarte ahí, canalizando la pérdida como si tu vida acabó, por un simple fracaso traducido en error.

Una flecha falló

Mi flecha para dos, con uno falló.
El otro prendado de una ilusión mientras su acompañante mira en la opuesta dirección.

¿Cuál es la acción? ¿Desafiar al presente, intentar o retirarse y esperar por otra flecha que acertada pueda llegar?
¡La decisión en tu corazón!
Lo fácil puede durar aún mucho menos que nuestra realidad.

¿Quién dice que no es bueno intentar, por eso que Cupido te dio para cosechar?
En el reto la felicidad.
Si ya sientes felicidad, la recompensa ya está.

Si la ves y puedes sonreír, es mejor insistir aunque el corazón después no quiera servir.

Inténtalo quizás, si tu valentía da para más. Si no, una bonita amistad y como regalo cupido te dará otro amor, que te demostrará que de aquel reto supiste aprender ahora preparado y con ganas de amar recibes lo que estaba destinado a llegar.

¿Qué separa el bien del mal?

Ojalá el mundo fuera como me lo imagino. Sin embargo, la decepción me invita a pensar que mi corta vida no podrá observar mi utopía hecha realidad.

Por más que trates de dar bondad hay alguien que quiere accionar mal. ¿Qué separa el bien del mal? La respuesta no vendrá. Yo solamente quiero amar, que cada ser viviente sienta felicidad por respirar. Que no se necesite fingir, que no sea una opción mentir.

Hasta en el mundo errado soy parte de la equivocación. Me uno a ustedes en mi decepción de no entender cómo se puede vivir sin intención de impartir doctrinas, que no todos pueden sentir.
El cielo está ahí, muy pocos se preguntan qué nos quiere decir. Yo me limito a sonreír, siguiendo mí camino, tengo la certeza, me bendecirá. Mis errores los suelo perseguir, los exprimo hasta sentir que he podido aprender antes de huir.

Las piedras y las hojas, les quitamos el valor, no percatamos su sabiduría, están ahí para enseñarnos más allá de lo que podamos canalizar.
Yo quisiera un mundo ideal donde el dinero no fuera fundamental, donde la gente pudiera accionar descubriendo el don por el que hoy son parte crucial de este crucigrama, del reloj indefinido que llamamos "realidad".

Yo quisiera que todos se tomaran el tiempo necesario para soñar, viajar en nubes de papel, existir estéticos o corriendo, no importa el proceso, importa vivir.

La vida es así, lo poco que tengo para entregar lo doy. Si me lastiman, dolió... pero no bastará para secar todo el amor proveniente de mi corazón.

Pequeños instantes

Pequeños momentos que cambian vidas.
Pequeños instantes que causan felicidad.
Pequeñas acciones que cumplen sueños.
Pequeños gestos que atraen alegría.

El físico se va, la esencia permanecerá.

Las personas se van, queda la enseñanza que dejaron al pasar.
Lo material no nos pertenece, también se irá. Cuando nos toque ascender solo nuestro espíritu se quedará para acompañarnos por nuestro viaje hacia la eternidad.

El cuerpo presta su apariencia para ayudarnos a realizar la misión que vinimos a alcanzar. ¡Qué podamos ver más allá es un objetivo a alcanzar! No encerrarse el alma, dejarla salir, dejarla crecer y empezarla a nutrir.
¡Somos almas! Tenemos magia por descubrir, habita en nuestro interior y quiere hacerse oír para hacerte sentir lo hermoso de vivir. ¡Hay magia en tu existir! ¡Un placer coincidir!

La vida es una unidad, la más linda casualidad

Todos reunidos en un mismo lugar, con la intención de evolucionar, buscar, mejorar y siempre avanzar. Con cada error tratar de observar y canalizar lo que nos ha venido a mostrar.

No sabemos cuánto tiempo vamos a durar, pero... ¿Qué es el tiempo? Lo resumo en instantes imposibles de olvidar. Me gusta pensar que cada experiencia –buena o mala– contribuirá a que podamos sanar.

Con las tristezas volar hasta poder madurar, sin la inocencia olvidar.

Con las alegrías viajar hacia un lugar donde el presente puedes tocar.

Con las ilusiones sonreír aun sabiendo que se tendrán que ir.

Con los fracasos volver a intentar y siempre encontrar una razón para comenzar.

¡Es un efímero viaje que debemos disfrutar! Para mí es un honor coincidir con tu alma y poderte escribir, aunque no sepa quién eres al irme a dormir.

Amar

Amar para sentirte vivo.
Amar para sentirte en paz.
Utiliza tu corazón para conseguir la felicidad.
No busques amar para llenar tu soledad.

No busques amar para pegar las piezas rotas dentro de ti: ¡No lo lograrás! Estarás amando para escapar y amar para escapar no es una verdadera forma de amar.
Amar para huir de ti mismo es un engaño compartido.

Si la persona amada ve tus carencias y se cree capaz de llenar ese hueco de ti, no estará amándote realmente. No estará ayudándote de ningún modo. Estará creando más razones para tu dependencia, estará buscando llenarte para retenerte y la posesión es lo más alejado del amor.

Amar para disfrutar la felicidad.
Amar para volar sin miedo a despegar.
Amar para encontrar nuevas razones para buscar dentro de esa alma a quien cada día amas más.

Amar para no ocultar la oscuridad.
No ames pensando en la luz.
¿Qué es el bien sin el mal? Cuando idealizas a la persona amada, minimizas su ser.
Tiene problemas con qué lidiar, no la hagas dudar, su búsqueda interna no cesará.
Ama sin exigir. No ames con expectativa, arruinarás lo que viene por otorgarle medidas.
¡Ama sin pensar en el futuro! Dejarás de amar para envolverte en los anhelos de la sociedad. Es mejor amar en libertad, sorprenderte con lo que vendrá y si no ha de pasar no lo necesitabas, algo más vendrá.

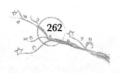

Amar la vida.
Amar la búsqueda.
Amar cada encuentro tanto o más que el desencuentro.
Amar cada equivocación.
Amar al desconocido que te observó.
Amar sin explicación.

Amar al amor, pero no perderte en él y dejar de amar tu YO.
¡Ámate al crecer! ¡Ama el aprendizaje! ¡Ama el ayer!
¡Ama tu mente pero no dejes que controle tu ser!
¡Ama tu soledad, de ella nacerá una compañía que llegará cuando estés preparado para avanzar y no solo para adorar el ideal de amar, sin ni siquiera haberte podido a ti mismo hallar!

Att: El destino

Valdrá la pena la larga espera.
Valdrá la pena las horas en vela.
Valdrá la pena el olvido consumado.
Valdrá la pena cuando nos hayamos encontrado.

Valdrá la pena haberme desilusionado al verte con otro de la mano.
Valdrá la pena la equivocación, cada ocasión en que lloraste al error.

¡Sin desesperación! Sin forzar, sin ceder, solo por querer tener alguien a quien comprender.

No te desesperes, te esperaré.
Espérame y podrás entender que las mejores cosas pasan sin precaución, sin intentar ganarle al reloj, sin querer tener un amor solo para llenar tu corazón aunque quede vacío, sin intención.

Por ahora en mis sueños te puedo tener. Por ahora en tus sueños me puedes ver. Espero visitarte hoy para hacerte saber que aunque en este instante, no podemos ser, lo que está destinado jamás se va a perder.

Te espero en tus noches tristes.
Te espero entre la ausencia.
¡Acepta tu soledad!

Madura aprendiendo de ti, para que al verme no me dejes ir, solo por no saber decidir.

¡Vive tus etapas! Seduce al viento, escríbele cartas al tiempo. Pero cuando mires al cielo yo estaré mirándolo, yo estaré pensando que quizás, un día casual, salgas sin buscar y me puedas hallar.

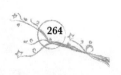

Un día casual, entre el horizonte te he de pensar.

Una madrugada de tanto intentar y fallar, tal vez, te pondrás a llorar... Me despertaré sin saber cuál es el porqué... Te pensaré otra vez... Y mi almohada ocupará el lugar en el que tú indudablemente estarás.

¡Sin tristeza! ¡Sin depresión! ¡Disfruta tu hoy!
Mañana te enseñaré del amor.
Mañana un amanecer vendrá y me llevará hasta hacerte acordar lo bonito de respetar.

¡Mis letras para ti! Eres lo mejor que ha podido existir y aunque aún no te encuentre, esperaré, mi esperanza más linda proviene de tu querer.

¡Paciencia compartida! Entender de nuestra soledad hasta hacerla amiga, convertirla en aliada.
¡Eres por lo que escribo hoy!
¡Paciencia para los dos!
¡Valdrá la pena!
Att: El destino.

La eternidad habita en los instantes
¡El tiempo no existe!

TIEMPO:

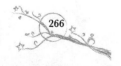

La eternidad habita en los momentos

¡El tiempo no existe! No dejes que tu vida la controle un reloj.
¿Pasado, presente o futuro? ¿Qué atormenta más tu situación?
Vives añorando el tiempo y dejas de disfrutar.
Vives añorando tu futuro y no valoras tu existencia.
Vives extrañando tu pasado y no puedes sentir los regalos que la vida trae para ti.
¡Se trata de percibir! Dejar de huir. Tu intuición tiene razón, hazle caso a tu corazón.

El reloj sigue controlando tu circulación... Tus latidos en rebeldía quieren captar tu atención. Por buscar la eternidad dejas de valorar.
Por seguir los parámetros de la sociedad dejas de buscar tu felicidad.
Por huirle a la soledad, te escondes en brazos que no te pueden llenar.
Por no vivir del ahora, sufres por el ayer y no te permites ascender.
Por no poderte desprender, dejas de apreciar el amanecer.
Por vivir de lo que otros te han querido imponer, has dejado de ver.
El tiempo se apoderó de tu ser. Solo tú, tienes el poder para liberar el candado que el reloj inteligente creó, para convertirte en esclavo sin elección.

¡El tiempo no existe! Revive en tus instantes y sentirás el placer de lo etéreo. La presencia indeleble de lo eterno. La osadía de existir sin miedo a morir. La rebelión de seguir las emociones que te permiten conducir en un mar de sonrisas sin necesidad de fingir.

Es mejor vivir de lo que te hace feliz que insistir por miedo a que el tiempo se vaya sin ti.
El tiempo no es real, no dejes que compre tu infelicidad.
El tiempo no es real, disfruta al respirar.
El tiempo no es real, si necesitas descansar nadie te lo impedirá.
El tiempo no es real, róbale segundos para meditar.
El tiempo no es real, eres el piloto de cada sensación, aprende a decir adiós. ¡El tiempo no es real, cuando lo entiendas podrás amar sin temor a una despedida, tener que afrontar!

¡Ella no quiere amar!
El amor decidido,
no cree en lo prohibido.
El amor dice que es más listo,
quien pierde ante su instinto.

Fiesta en el Olimpo

Ella sin querer amar, la vida la quiere conquistar.
El cielo no puede parar, con truenos se hace notar.
Ella guiña un ojo al destino, quien la mira complacido.

La soledad es su aliada, su propia compañía la añorada.
Un sueño la acompaña, la unión de la humanidad, su mayor esperanza.
Ella no quiere amar, su inconsciente la quiere traicionar.
El amor cierra los ojos, la pretende esperar.
Una ocasión especial, la hace dudar.
El amor dice que es más listo, quien pierde ante su instinto.
Ella se recuesta a soñar, el amor llega a su sueño, sin preguntar.

¡Fiesta en el Olimpo! El cielo con rayos, la hace despertar.
Sus ojos abiertos, de par en par.
No hay casualidad, un sueño la invitó a amar.
No hay casualidad, tiene que arriesgar.
¡Ella no quiere amar!
El amor decidido, no cree en lo prohibido.
¿Logrará su cometido?

Oportunidad

Tenemos una oportunidad nueva para alcanzar nuestros sueños. Estamos vivos, respiramos, tenemos una oportunidad de aceptar nuestra oscuridad, de enfrentar nuestros fantasmas.

La vida es perfecta porque no sabemos qué va a suceder, todos los días suceden cosas maravillosas; como el desconocido que te vio y sonrió; como esa persona que robó tu atención; como esa canción que sigue dando vueltas en tu interior.

Esa ex pareja que odiabas y aprendiste a querer con la madurez de entender que todo pasa para dejarnos algo, para enseñarnos.

Esa situación que te hizo dudar, te puso a pensar si en realidad la vida era linda pero... ¡Es linda! Es injusta para algunos pero los humanos hemos hecho el desequilibrio y solo los humanos podemos conseguir la armonía.

No culpemos a la vida, somos nosotros los dueños de esta humanidad tan disociada.
¡Tenemos una nueva oportunidad! Agradezcamos por nuestro hogar, por nuestro techo y por contar con familia y amigos.
A seguir este mes peleando con los imposibles, conquistándolos y demostrando que es posible. ¡Todo es posible! Somos la posibilidad convertida en personas, con un cuerpo que cubre nuestras almas.

¡Seamos la posibilidad! Ayudemos a cambiar este rompecabezas de nunca acabar que llamamos vida, pero con AMOR.
¡La maldad no ganará!
¡Sueñen! transpórtense por la ciudad de la imaginación, también forma parte de nuestro interior. ¡La vida es un sueño!
¿Qué separa la realidad de los sueños? Nos dicen que no existe la magia pero podemos soñar.
No te quedes en la infelicidad, eres capaz de amar.
Eres capaz de sanar.
Eres capaz de alcanzar lo que te propongas al soñar.
¡Eres capaz, que nadie te haga dudar!
¡Hora de soñar!
Es de lo más hermoso que el universo nos ha podido otorgar.

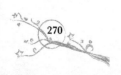

Eres el responsable

Eres el responsable de tu equilibrio.
Eres el responsable de tu situación.
Eres el responsable de la tristeza o la felicidad que sientes hoy.
Compartes tu realidad con tus sueños.
Tu consciente se mezcla con tu razón.

Eres el responsable de lo que sientes hoy.
Eres el responsable de tus triunfos y de tus derrotas.
Eres el responsable de la oscuridad y de la luz.
Eres el responsable de tu actitud.
¿Te rompieron el corazón? No culpes a otros por tu equivocación, más adelante será la respuesta a la división que separa tu ego del amor.
¿Te caíste? ¿Dolió? Es un estado mental el de la decepción.
Eres el responsable de salir del hueco que ahoga tus ganas.
Eres el responsable del próximo intento o de la larga espera.
¿Te guías por la sociedad? ¿No te llenas? Vives vacío sin saber qué buscar...
¡Eres el responsable de tu sed!
Conviértete en agua, calma la sequía.
Conviértete en estrella, consigue el deseo que le pedías a ella.

Eres el responsable de tus decisiones y de tu extravío.
Eres el responsable de tu camino.
Eres el responsable de tu soledad, apréndela a amar.
Eres el responsable de tu vida, no dependas de alguien para seguir. ¡Une las pistas, resuelve el misterio!

Eres el responsable de tus sonrisas y de tus lágrimas.
Escoge lo que necesites, vive como si fuera la última ocasión, no dejes para después lo que puedes utilizar para crecer.

Eres el responsable de tu alma, ella no se irá y nunca es tarde para comenzar.
Eres el responsable de tu ahora, de tu pasado y de tu futuro.

Eres el responsable... No hay culpables.

Es inevitable, empieza a aprender antes que sea tarde para entender, antes de irte aprende a ver, aprende a sentir, aprende de tu ser.

Antes de irte prueba el sabor del amor propio.

Eres el responsable... Es indispensable que empieces a ser amable y dejes a un lado lo lamentable de guiarse por la apariencia olvidando lo mejor... ¡Adentro de tus ojos, el portal de tu alma!

Eres el responsable de convertir el cuerpo en la jaula de tu interior o dejar volar tu verdadero yo.

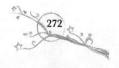

Nueva etapa

Se tuvo que ir un mes para darle la bienvenida a una nueva etapa.

Si aún respiras tienes otra oportunidad.
Tienes la oportunidad de hacer lo que amas.
No te aferres a alguien para llenar tus vacíos.

No te niegues al amor por miedo al próximo destino con sabor a desatino.
La soledad es comprenderte, hablarte y escucharte sin necesidad de negar la oscuridad para brillar.

Sin necesidad de opacar a los demás para alumbrar.
¡Eres una estrella!
Eres parte del universo.
No te aferres a lo material.
No te aferres a una compañía que te hace mal.
En el silencio están las respuestas.
En la quietud encontrarás que cambiaron las preguntas.

El presente es la oportunidad.
Ser feliz es crucial.

La felicidad no la podrás conseguir en otra persona.
La tristeza jamás dependerá de las acciones de otros. Si te hirieron, solamente tú, y el control de tu ser podrá permitir que avances o te estanques. Que continúes o decidas parar y quedarte en las lágrimas y en la infelicidad.
Eres la posibilidad.
Eres el instrumento.
Eres tu destino.

Si esperabas algo y no ocurrió, no lo necesitabas.
La vida te tiene sorpresas que próximamente podrás observar, si tienes paciencia y no te conformas con compartir la soledad, estando con alguien y deseando libertad.

Solo tú tienes la llave de las sonrisas.

Eres un maestro.

Eres bondad.

Eres un alma que puede volar.

Eres las ganas o la falta de ellas.

Nadie será el culpable de tu desinterés hacia la vida.

Busca lo que amas, busca sanar, busca mejorar y sobretodo busca aceptar que eres más de lo que te puedes imaginar.

Su amor huyó

Y así fue, miles de intentos fallidos no bastaron para entender lo que una noche descubrieron al perder.

Se perdieron en la comprensión,
su amor huyó, ningún indicio de dirección dejó.

Su amor se secaba,
nadie lo notaba.
Su amor escaseaba,
dos ciegos intentaban.

Una de las partes rompió el hilo que mantuvo la unión.
Sin discreción, sin pedir perdón.
No hay dudas, no hay rencor, no era la persona que conoció, no era la chica por la cual tantas noches como hoy suspiró.
Cerró el libro, no leyó el final.
Solo una parte culminó, un efímero amor se durmió, entre las sábanas una lágrima se escondió.

La ausencia del amor llenando la habitación.
La ausencia del amor hace sentir el frío adiós.
Un nuevo capítulo por empezar.
Sin apegos te espera el presente.

Sin costumbre recibirás la bienvenida por haber sabido enfrentar la despedida.

Decisiones

A diario nos encontramos con situaciones que nos ponen a pensar. Circunstancias que nos impiden manejar por el camino de la felicidad. ¡No entendemos! ¿Cuál es la cadena? ¿Cuál es el candado?

¿Cuál es la llave que abre la cerradura para podernos liberar?

Se centra en tu inconsciente y lo puedes descifrar si te encuentras a ti mismo y te exiges más.

Las decisiones nos persiguen desde la niñez hasta la madurez. Tratamos de escaparnos mientras nos mentimos sin saber, que seguiremos atados por no tener el poder para entender.

En una decisión puede llegar el error pero es mejor fallar y decidir, que estar perdidos sin tener el poder de discernir, entre lo que queremos y lo que debemos dejar ir. ¡Decisiones que nos persiguen! Seguimos tratando de huir.

¡En la decisión la solución! En la decisión el camino que tomarás, no te quedes parado por miedo al futuro, no tienes la certeza de que vendrá.

Averigua qué quieres, pregúntale a tus sueños y lo descubrirás en tu realidad. Centrarte en tu objetivo ayudará, elimina lo que no te deja flotar y te impide ir a buscar.

Eres el dueño de tu verdad, elige lo que quieres y no lo dejes atrás. Despréndete de lo que te daña y lo lograrás.

¡Tener el coraje para meditar! Saber lo que quieres y luego actuar próximamente te ayudará a mejorar, ser la mejor versión de ti, no estancarte por tus fantasmas... ¡Aceptar tu oscuridad! Hablarle al monstruo de tu cabeza, incitarlo a formar parte de la transición donde tu decisión será la recompensa de tu HOY.

Tomar una decisión es difícil, pero no imposible. No te mientas a ti mismo, conversa con tu ser. Escucha tu alma y podrás tener esa respuesta que quieres aplazar pero internamente anhelas pueda llegar.

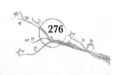

La vida entre mis dedos

¿Qué es el olvido? –Lo han inventado los humanos para controlar sus egos, sin tratar de comprender que algunas veces se ama en el adiós.

¿Qué son las ilusiones? –Sueños compuestos de realidad, respirar y suspirar viviendo de la alegría de pensar en algo determinado que te invita a sonreír y no te pide quedarte para ser feliz.

¿Qué son los sueños? –El hilo que nos conecta con la vida. El inconsciente revelando sorpresas, contagiándonos de magia, haciéndonos saber que hay mucho más por descubrir, mucho más de lo que la sociedad nos quiere permitir.

¿Qué son las almas? –La luz y la más grande de las sincronías. El contenido del misterio. Lo que motiva cada uno de mis versos.

Las almas son la conexión que nos hace eternos.

Las almas son infinidad de sentimientos.

El alma es la belleza de lo efímero fusionado con la complejidad de lo inagotable. El alma es el contenido que no se quiere ver.

El alma es la razón por la que vinimos a aprender.

El alma es lo que necesita crecer, vive dentro de ti. Tú, yo, los miles de millones de desconocidos; ¡todos somos almas! Estamos vivos sin saber que somos almas que quieren sentir.

Almas que requieren fallar.

Almas que necesitan evolucionar, avanzar, perderse, desprenderse, aprender a quererse y jamás detenerse hasta tener que partir para luego, nuevamente venir y otra historia construir.

¿Qué es para ti el amor? –El amor es lo que nos enciende, lo que nos hace fuertes. El amor es el motor de la vida. El amor es la vida defendiéndome de la maldad. El amor es las ganas de ir más allá.

¿Te has enamorado? –Me enamoro de la vida día tras día.

Sueños

Aprende a creer en lo que
con los ojos serías incapaz
de ver.

Escucha los silencios,
no me pienses como algo irreal...
¡Existo tanto como tu realidad!
¡Confía en tu instinto y lo notarás!
¡Eres capaz de poderme alcanzar!

La Vida entre mis Dedos.

Un secreto para ti

El amor que pasó no te correspondió... Es tu equivocación pensar que solo existe una clase de amor y que al dejarte, tu rumbo alejó, llevándose tus ganas, llevándose tu paz, dejándote cansado sin ganas de avanzar. ¿No lo has podido descubrir?

Un secreto para ti: El amor eres TÚ. ¿Para qué buscar fuera lo que habita dentro? Eres amor en su máxima expresión, así que sin temor, puedes continuar sanando viejas heridas, alejando cualquier indicio de lágrima encendida. La musa no se irá... Aliméntala con tus ganas de amar. Aliméntala sin esperar y quizás un día lo conseguirás; pero si jamás llegara a pasar, su amistad podría bastar para complementar los versos que surgirán.

Eres amor sin necesidad de integrar tu corazón. Eres amor y te alimentarás de amor; un día podrás saber que no se puede retener para querer.
Se quiere en libertad, sin posesión, sin ataduras, sin presión.
Se quiere en la distancia, se quiere a veces, sin decir que se quiere.
Eres amor y conseguirás una razón para seguir caminando y construyendo, creando y sanando, suspirando y anhelando, riendo y sufriendo pero jamás desistiendo.

Huellas y desatinos

Huellas y desatinos, caminos que se entrelazan y falsos destinos. Casualidades intermitentes, llegan de repente para luego volver a estar entre lo ausente. En un pensamiento se sumergió aquel que no creía en el amor, para soñar con la musa que roba su inspiración.

Al aterrizar su inconsciente decidió opinar: es irse o estar, retirarse o intentar. ¿Qué le dijo el caminante al camino? No sabía la dirección y estaba herido, las derrotas de la vida habían acabado sus pies, descalzos de tanto andar y buscar sin poder encontrar.

El amor a su lado pasó para decirle que no era el que necesitaba para vivir su pasión. El caminante por el camino de la decepción, envuelto en amistad y en amor. La vida golpeando su atención, requiere de su concentración. ¡La vida deseosa de hablar!

El caminante agotado decidió descansar. Entre los árboles se sentó a reposar mientras la vida le susurraba lo confuso de su intención, querer controlar el amor es una equivocación.

El amor se encuentra en cualquier dirección.

El amor se encuentra sin buscar.

El amor se trata de percatar, tener la rapidez de analizar.

Utilizar la imaginación, unir los sueños con la intuición.

La poesía

La poesía es la conexión que une las almas a través de las palabras.

Es el vaso de agua que no tiene fondo, puedes mirarlo mitad vacío, mitad lleno y sin embargo, en las tristezas o alegrías sacará lo mejor de ti, o lo peor para hacerte transparente y unirte a otros por el hilo invisible que nos conecta a todos.

La poesía es el alma descubierta a través de palabras; corriendo por lo invisible del viento y traspasando fronteras. La poesía es amor y el amor no se agota.

La poesía es la desnudez total para mostrar transparentes emociones.

La poesía es la magia de la vida, y no solo los poetas son magos, son magos todos aquellos que puedan disfrutar de ella al menos un instante para luego seguir existiendo, mientras sigue la más grande casualidad vestida de versos; sacudiendo lágrimas, arrasando en la oscuridad, barriendo las calles del pasado y adentrándonos en el HOY donde siguen existiendo poetas, donde siguen existiendo poemas para cualquier ocasión sin importar idioma o intención.

La poesía es felicidad, agonía, dejadez, la poesía es indefinible.

La poesía está adentro de los corazones de cada ser humano aunque jamás toque un lápiz o lea un libro.

La poesía es un amanecer.

La poesía es el infinito mar.

La poesía es el misterio.

La poesía es la vida.

La poesía puede ser todo o puede ser nada.

Para mí, la poesía es lo misterioso y hermoso del alma humana.

No te quedes en el sufrimiento
Empieza a creer que todavía hay tiempo
para QUERER.

¿Qué hay más allá del adiós?

¿Qué hay más allá de la vida? ¿Qué hay más allá de los sueños?

Siempre hay algo.

Más allá del adiós, hay una bienvenida.

Más allá de los sueños hay una realidad aturdida que necesita traigas un poco de utopía para hacerla sentir viva.

Más allá de la vida está la plenitud del YO, lejos de superficialidad, lejos del cuerpo, lejos de la religión, lejos de la sociedad. Solamente está el YO y su evolución.

Mientras estamos aquí debemos cosechar nuestro yo. No conformarnos con un pedazo del cielo cuando podemos tenerlo entero, si apreciamos, si valoramos y si dejamos de tratar de poseer para querer.

Hay cosas que son tuyas aunque no te pertenezcan.

Y son tuyas porque las sientes, porque te hacen sonreír, porque te acercan a la felicidad y a la eternidad idealizada.

No está permitido

Un nuevo amanecer, otra oportunidad.
La vida abierta de par en par, sus puertas te invitan a pasar.
Queda prohibido no valorar el presente.
No es válido vivir del ayer, pero tampoco olvidarlo porque ya no lo puedes tener.
¡Nada es permanente! Desprenderse es comprender, algunas personas, cosas o situaciones, pasan para ayudarte a crecer luego ejercen su rumbo, pero jamás las podrás perder.
El universo te envía señales.
No está permitido dejar de soñar.
Cada fragmento de tu imaginación es capaz de hacerte volar.

Depende de ti, pasar de lo irrealizable a lo palpable.
No está permitido juzgar...
¡Algunos rompen las reglas!
No hay una única verdad.
Son solo consejos para alcanzar la tranquilidad.

Estar en paz con tu interior, escuchar el ruido de tu voz.
Medir tus palabras antes de lastimar.
Hacer un pacto entre tus acciones y tu capacidad oral.

No está permitido vivir por vivir.
Mucho menos dejar de sentir.
El miedo es algo natural, todo tiene un proceso, lo puedes enfrentar.
Cada transición abrirá nuevos mundos en tu interior.

Queda prohibido vivir con temor, fallar es natural, intentar siempre será ganar.
Queda prohibido existir de resultados, es mejor querer las experiencias del camino, sin vivir buscando siempre un objetivo.
No está permitido amar más lo material que las experiencias que –dentro de tu alma–, podrás cosechar.
Pero lo más importante, que no debes olvidar, queda prohibido prohibir, son solo consejos que podrás oír para luego despedir.

Es tu proceso, es tu evolución, tú tienes las llaves y eres conductor.

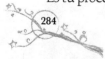

Despertó en un sueño

De paseo sin un predeterminado camino.
Alardeando sobre el destino.
Adentro de un sueño se despertó.
Jamás había atravesado por una semejante situación.
La incertidumbre sobre la existencia de lo real le asustó.
Entre su insomnio inadvertido se comunicó:

Los bosques me hablan.
Las montañas saben cómo me llamo.
El silencio se comunica a través de las hojas muertas, las devuelve a la vida.

Todas las voces al unísono sin desesperación...
Cantaban una canción que escribían por intuición.

El universo y el desamor.
El aprendizaje y la decepción.
Las transiciones y el dolor.
La felicidad y la desesperanza.
El temor a los cambios, el resplandor de lo veloz.

El tiempo rebelándose explicaba la polémica discusión...
El equilibrio deseado en un sueño palpó.

Y yo, comprendí lo que el agua susurró... Pequeñas partículas, en un universo
confundido, buscan amor por desesperación.
El cosmos aturdido, logra ser atendido por todas las almas que anteriormente
lo mantenían omitido.
La lluvia no se quedó atrás. Se peleó con el error...
¡No soy la culpable, de la desilusión!
Lanzó gotas para limpiar el pasado temor.
Lanzó gotas para sanar la tristeza que no han sabido alejar.
¡Me miran y me confunden con la nostalgia! –Exclamó–.

Mi insomnio prosiguió...

La realidad se esfumó.

Seguía en el sueño que guiaba mi interior.

Empiezo a dudar si en algún momento viví en lo que llaman "real", o si este sueño es la utopía de la realidad.

¿Qué separaba los sueños de la vida? –La sirena salió del lago, la sedujo y la cuestionó–. Él, sin la respuesta, continuó, caminando en los rincones del paraíso onírico que él mismo creó.

Hoy ha entendido más sobre el amor.

La dulzura de su interior lo embriagó.

¡No puede salir del sueño!

¡No quiere volver! Se encuentra atrapado, dentro de su ser y es la cárcel más hermosa que ha podido tener.

Cuando despierte, sabrán mucho más sobre su vida después de indagar en los misterios del tiempo, en el paraíso de lo eterno, en las palabras provenientes del silencio. ¿Podrá salir? Por ahora... ¡No hay más que decir!

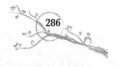

Resucitar el amor

Yo quiero día a día una ilusión.

Quiero querer y que me quieran sin medidas, sin imponer, sin recetar, un amor en total libertad, un amor que nunca se pueda borrar porque se quedó ilustrado en la forma de mirar.

Quiero que me escuches y poder escucharte sin vendernos mentiras, con polémicas conversaciones y besos suicidas. Quiero tenerte como si no te tuviera.

Quiero que me tengas entre la duda y la certeza en un pequeño lugar donde no se ame por permanencia.

Quiero entregarte mis letras sin doble sentido, mi único objetivo es que seas feliz cuando estés conmigo.

Quiero entregarte mi música sin robar tu corazón, quiero que lo conserves para que me ames más y mejor.

Quiero un amor sin manipulación.

Lo que hagas con tu vida no será por imposición.

Lo que te haga feliz que mueva tu existir...

Si en otros labios consigues la paz prefiero tu sinceridad a estar por estar.

Un poco complicada, también malcriada. Madurez almática, experiencias terrenales. Difícil combinación, el amor verdadero es aceptación.

Quiero quererte como en los cuentos con algunos ajustes técnicos. El guión, lo construimos los dos, el destino de espectador y un porvenir que quiere acción.

Un amor real que nadie se anima a practicar.

¡Puede funcionar!

Por cada lágrima 10 sonrisas.

Por cada discusión mil formas nuevas de hacer el amor.

Quiero despertarme y convertirte en musa aunque no acompañes mi habitación.

Quiero que mis letras te las lleve el viento, que conozcas mi interior. Puedes tener precaución, si es demasiado, escoge el adiós.

¡No todos aceptan resucitar el amor!

El reloj es un estado mental

¿Cuál es el temor? Siempre hay una oportunidad.
El reloj es un estado mental.
No pienses que perdiste tu tiempo, ¡Vuelve a tratar!
Siempre es un buen momento.
Siempre es la ocasión.

Depende de ti, arreglar tus vacíos y seguir.
¿Cuál es el miedo? La vida es HOY.
Ninguna tristeza será tan fuerte como para apagar tu sol.
Puedes encender el interruptor, eres la energía de tu interior.

No culpes al exterior de los vacíos con los que convives hoy. ¡Eres valiente!
Puedes luchar. Eres más valiente que los que aman por amar. Justifican sus
fallas estando con alguien más.

A veces es tiempo de armar el equipaje, marchar sin tener un predeterminado
destino para el viaje. ¡Empezar desde cero! ¿Sigues creyendo que es un error? Te
da miedo lo que te prepare el futuro, -de ahí la equivocación-. El futuro no te
esperará... El futuro no es en dos meses, ni mañana, ni en tres años. El futuro lo
estás preparando y cuando te quedas en tu zona de confort solo por no llevar-
te una decepción, estás retrasando a tu alma.

¡Lo que te asusta te hará más fuerte!
¡Abraza tu soledad!
¡Abraza el tiempo que piensas has perdido, en el se encuentra tu objetivo!
Nadie te puede maltratar, tú lo permites porque no te sabes amar. No dejes que
tu ego domine el lugar. Ten la grandeza de saber pedir disculpas, ten la gran-
deza de saber perdonar. Pero no te quedes donde no te saben valorar.
Nadie indispensable, lo entenderás.
Ninguna meta es demasiado grande para no poderla alcanzar, ni muy simple
para no poner de tu esmero en poderla rozar. ¡Eres el pintor del lienzo que vive
en tu corazón!

¿Qué clase de arte prepararás? Los arriesgados llegan más, motivan a las almas que se sientan a esperar; motivan a las almas que tienen miedo del quizás.

¡La prueba la pones tú!

Ensayo y error.

¡Jamás debes mendigar amor!

Ensayo y error...

¡Jamás debes romper tus sueños por fatiga de probar!

Nada es seguro... ¡No sabes que pasará!

De las mayores tristeza proviene la felicidad.

De las peores derrotas nacen las ganas de crear y con otro color dibujar tu realidad. ¿Qué esperas? ¡Suficiente por hoy!

¡Seca tus lágrimas, de ellas ya ha nacido una flor!

Secreto del tiempo:

¡Despréndete del pasado!
¡Valora tu HOY!
Vive cada día como
si te fueras a ir.
No vivas por un mañana,
constrúyelo a través
del presente y el reloj
no será una limitación

La Vida entre mis Dedos.

Te encontraste con la vida

Equivocación, por temor del error no intentabas conseguir tu impulso interior.
Te perdiste... Corrías sin parar.
Un día en silencio cansado de esperar, te sentaste a descansar.
Te encontraste con la vida.
Te encontraste con la paz que solamente puede ofrecerte el amor real.

¡En otra persona no está tu felicidad!
La vida es la búsqueda constante de emociones.
Nacen cada día nuevos sentimientos y tú transitas por los desiertos que ofrecen tantos desaciertos. Te perdiste... ¡En el pasado te hundiste! ¡En tus errores reincidiste! Y de tanto caer aprendiste.

Hoy la vida te sonríe.
Hoy el universo hace que te inspires.
Al extraviarte conseguiste la maravillosa sensación de sentirte.
Amarte a ti para poder sentir las maravillas que te regala la oportunidad de vivir.

Vidas, sueños...
Búsquedas, encuentros...
No huyas de lo incierto.
No cedas ante los pretextos.

Los sueños también tienen secretos... si los escuchas podrás saborear el sabor de lo etéreo para devolverte a la realidad con bocanadas de humo y de felicidad.
Sigue el impulso de tu alma, no te pierdas en los fracasos. Despierta día a día y descubre quien eres más allá del reflejo que el espejo te enseña entre retazos.
Eres más que lo exterior.
Encuéntrate más allá de lo que enseña tu reflector.
En tu mirada mostrarás desilusión, la vida no solo serán gotas de amor.

¡La brújula te guiará! Tus sentidos no fallarán... Cuando pienses errar, llegarás al lugar donde debías reposar. ¡No lo dudes más! ¡Empieza a andar!

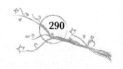

Gran error

¿Por qué cuando el presente falla queremos ir al pasado? Entonces aún no hemos curado.

Si estás con alguien por olvidar el ayer...

¡Despréndete! Cada equivocación te hará ceder.

Si olvidas el pasado que no sea por influencia exterior, debe ser porque tu interior lo dictó, sus antiguas derrotas extinguieron el amor. Si fue inmadurez, volverán a coincidir preparados para sentir, escaparse del mundo y poder vivir. Por ahora, aléjate de lo que te haga reincidir.

No estés con alguien por temor de ti, la soledad tiene las respuestas ¡Deja de huir! Casi caes ante tus miedos, estás a tiempo de salir, tomarlos de frente y despedir todo los instrumentos que utilizabas para mentir. ¿A quién mentías? Te mentías a ti, pensando que en otros brazos ibas a conseguir sanar todo el dolor que debes conocer para dejar ir.

Tu pasado ya no te agobia, ya no forma parte de ti...

¡Te creo! Pero no estás listo para empezar a vivir otra historia cuando apenas estás asimilando un fin.

¡Tiempo a tu interior! Tu alma necesita -por ahora-, solo de tu amor. Más adelante llegará eso que cada noche te visita al soñar. Se llama AMOR, no les creas si te dicen que solamente cuenta la primera ilusión. A veces de los fracasos, nace la más bella flor.

¡Maduraste! Aceptaste el reto, la soledad se enamoró, te enamoraste de ella sin darte cuenta y pronto... Una compañía llegó.

Sin forzar... Poco a poco lo podrás disfrutar.

Por ahora a descansar, a perseguir sueños, a sanar.

Por ahora a cabalgar, los senderos de la vida te quieren ver brillar.

Por ahora con bondad, un pedazo de humildad y mucha felicidad podrás dejar atrás todo lo que no necesitas en este proceso que llevas para evolucionar.

Somos infinitas posibilidades

No caigan en su derrota, no hagan del dolor su habitación, no persigan sueños si solamente los van a observar, tengan el valor de luchar por hacerlos realidad.

Somos infinitas posibilidades.

¡Vamos a agradecer! Ha llegado la mitad de la semana y con ella una nueva oportunidad puede nacer.

Vamos a atraer lo que queremos tener.

Si queremos amor, nos convertimos en amor.

Si queremos algo material, vivamos con humildad y de repente llegará pero sin dominar nuestra espiritualidad.

Empecemos a ayudar.

Dejemos a un lado las mentiras.

Sepamos perdonar.

Pidamos disculpas cuando entendamos el error, saber fallar es la solución.

Hoy mi energía me eleva hacia Dios. Le doy las gracias por vivir en mi interior.

¿Me preguntas mi religión? La defino en el poder del corazón, aceptando la oscuridad, llenándose de luz. Mejorando lo malo, hasta transformarlo en positivo.

Creo en Dios, sin limitar mi fe poniéndole un nombre para poder ser.

¡Creo en la humanidad! Somos hijos de la energía más pura, una ola gigante de ilusión nos cubre.

Creo en la fuerza energética por eso hoy agradezco y te regalo mi vibra, te la entrego sin que nada me tengas que dar.

¡Gracias por ser mi hermano! ¡Gracias por compartir el universo! ¡Gracias por coincidir! No es casualidad, mi energía llega a ti, nútrete y traspasa lo positivo a tu alrededor, podrás percibir que si damos amor jamás se agotará, es la fuerza más poderosa, mientras más das, más tendrás.

Buscando el amor

No encontraba el amor... Entre su búsqueda y su ambición se fue encontrando con su interior. Los golpes de la vida apaciguaron su dolor, se fue encontrando poco a poco con su YO pero aún no encontraba el amor.
Se llenaba con el viento, amaba la incertidumbre que le otorgaba el tiempo.
La amistad lo hacía pensar que si valía la pena entregar.
Cada noche un alma lo visitaba al soñar. Intentaba en la realidad amar, se entregaba, pero los años y las caídas lo retiraban de la partida.

El vino tinto su adicción.
Su sueño, el motor que guiaba sus torrentes de emoción.

Lo confundían con algo superior, no se parecía para nada a Dios. Era un ser humano con historial de equivocación que sólo quería encontrar el amor que entre cuentos imaginaba y en sueños tocaba.

Tan espiritual... Su alma lo presentía.
Su esencia no se rendía.
Algunas noches dejaba de buscar pero el mundo onírico lo volvía atrapar.
Cambiando el mundo de ilusión en ilusión, ninguna se parecía al color de la utopía que vestía su corazón.

Intentos fallidos... Fracasos consumidos. Botellas y habitaciones oliendo a falsos suspiros. Oscuridad repleta de añoranza muerta por haber cedido ante sus ansias.

Un día dejó de ceder, se olvidó del ayer.
Conversó con su ser.

Aceptó la soledad al descubrir que no tenía sentido fingir...
¡La de sus sueños no había podido coincidir! No la había rozado en la realidad, pero en sus sueños con besos le daba las fuerzas para esperar.

Miró al cielo, bebió su copa, emanó tranquilidad.

Toda la vida la buscará... Aunque la confunda con personas que no saben amar.

Aprendió a fallar... Las despedidas no lo logran fatigar. Por la de sus sueños valdrá la pena errar. Ella también espera en algún lugar. Ambos en este instante van a brindar por la incertidumbre y el quizás... Ambos en esta noche suspirarán... Se esperan, lo saben, lo pueden notar.

El tiempo es la prueba a superar, al encontrarse se reconocerán, nada los podrá alejar, se esperaron demasiado para dudar. Sin egos, sin orgullos... ¡Preparados para amar! ¡Por ahora, se tienen al soñar!

De paseo por la decepción

Lo que creía no es, iba corriendo persiguiendo la certeza y la atrapé, al tratar de sujetarla sé volvió polvo, se esfumó. El viento sé la había llevado, entre las dudas mi decepción.

Me decepciona no entender cómo es que de tanto creer perdí las ganas de ver.
Me perdí en tus ojos.
Me apagué en tu ser.
Me perdí en el fantasma que jamás volveré a tener.

Mi decepción me ahogó en tantas preguntas que no pude responder.
Hoy depende de mí volver a nacer.

Me quedé sin ganas de vivir de esta forma, aunque respiraba, morí.
Hoy comienzo a inventar razones para revivir.
Hoy comienzo a soñar para poder reír.
Mi decepción se llevó una parte de mí, pero mi alma es inmensa y encontrará otra puerta que abrir.
Mi decepción se llevó un pedazo de mi corazón, pero mi alma es mi cómplice y me invita a seguir.
Mi decepción apagó mi luz, pero la luna alumbró mi soledad contándome el secreto de la felicidad...
Ningún objeto me podrá llenar; ninguna persona me podrá calmar.
Aunque me hagan suspirar creyendo que es felicidad, -al irse volverá la soledad-, hasta que pueda comprender que sola puedo caminar y que el camino es precioso para los que saben fallar.
Mi decepción acudió.
La razón me acompañaba.
Mi mente jugaba, las reglas eran bocanadas de tristezas pero decidí ganar.
Gané el juego gracias a los susurros de la luna en medio de mi oscuridad.

Hoy que estoy decepcionada comienzo a vivir pero estaba vez sin necesitar de alguien para subsistir.

A veces es necesario perderse
para encontrarse con la VIDA.

Pregúntale al sol

Si tuviste un mal sueño conversa con tu almohada.
Pregúntale al sol, apaga tus dudas, levántate con energía.
¡El camino es maravilloso!
Las personas nos motivarán o nos desarmarán.
La vida es saber decidir, no estar con alguien por temor de ti.

La vida es tuya, otros pueden intuir...
Solo tú sabes que hay dentro de ti.

No llores por el ayer.
No temas perder.
No te escondas en los recovecos de tu ser.
No te aflijas por la intermitencia de algún querer.
¡Cuando te ames lo podrás ver! Yo hoy me amo y estoy en mi proceso de entender que para ser feliz no podemos encarcelar nuestros ojos, debemos dejarlos ver.

No dejes que tu mente se apodere de ti.
Los pensamientos te pueden hacer creer que ser feliz depende de lo que puedas llegar a tener. ¡Te tienes a ti! ¡Puedes ser feliz por el simple hecho de estar aquí y tener una oportunidad más para existir!

¡Otro día para empezar a construir cada meta interior!
¡Otro día para intentar ser mejor!

Felicidad = Elección.
Tristeza = Falta de atención. Si observaras encontrarías en las maravillas del planeta una razón. Si te detienes, en el silencio, escucharás tu corazón.

Desamor = Querer a alguien más y olvidar quererte. Con amor propio, no habrá egos heridos, confundidos con corazones partidos.

Hoy tienes miles de posibilidades.
Cierra los ojos, imagina lo que quieres, viaja a los rincones de tu imaginación

También puedes despertar, sentir la melodía de tu respiración. Huir de la monotonía, ¡Arriesgar! Nunca es tarde para comenzar.

Lo que buscas te espera... Quizá lo que buscas no está, pero te está tratando de encontrar algo mucho mejor, capaz de pegar cada sentimiento roto, cada apatía constante, cada silencio dormido, cada tristeza aturdía.
¡Pronto te encontrará, pronto te encontrarás! Quizás hoy es el día que tanto añorabas para sanar. Todo llega cuando debe llegar...
Incluso palabras que como vienen se van...
Incluso emociones traducidas en letras que te rozarán aunque a miles de kilómetros de distancia podamos estar.

Cerrando ciclos

En medio de la transición...
El jardín de infancia, la inocencia, el resplandor.

Un chocolate era tu fascinación, un nuevo juguete, tu mamá y tu habitación.

Primaria... Un nuevo mundo por explorar, amigos que conocer, aventuras por emprender.

Entre juegos y sonrisas, malcriadez y televisión,
tu mundo imaginario adorna tu realidad.

Bachillerato...
Una cita llegó, tu corazón latiendo a millón.
Empiezas a descubrir mucho más de ti.
Te rompen la ilusión, llega la decepción.
Empiezas a preocuparte más por lo exterior.

¡Tu primera fiesta! Envuelto en alcohol... Primera pelea con tu círculo social, no quieres ir a la escuela, te provoca llorar.

En la adolescencia la transición, crees conocer el camino, quieres crecer. Quieres acelerar el tiempo, no temes perder.

¡Llegó la graduación! Un ciclo culminado, la nostalgia empieza a dejarte su legado. Nunca más la escuela estará; ese lugar guardará una parte de ti. ¡No hay elección! Debes seguir.

Te sumerges en la universidad.
Tu primera decisión está por llegar.
¿Qué quieres ser? Te suelen preguntar.
No se puede definir sólo con elegir que vas a estudiar.
¡Te sumerges en otra oportunidad!
Nuevos amigos, nuevas experiencias.
Búsqueda constante, sueños latentes.

¡Otra graduación llegó! La veías tan lejos cuando todo empezó, y tocó tu puerta sin avisar, te tomó por sorpresa... ¡Otro ciclo deberás cerrar!

El futuro te empieza a preocupar.
El amor es con lo que acostumbras soñar.

A diario tomamos decisiones.
A diario atravesamos transiciones.
A diario lidiamos con preocupaciones.

¡Lo has logrado! ¡Has podido avanzar! Tuviste que despedir un ciclo para abrir una puerta nueva y darle la bienvenida a experiencias pasajeras que parecen duraderas.

Lo mismo es con el amor.
La vida misma es una despedida interminable.
¡El secreto está en no aferrarse!

Si te aferras dejas de cerrar ciclos,
Si te aferras dejas de crecer.
Si te aferras y te estancas por temor no serás capaz de ver el resplandor de la nueva puesta del sol.

Lo mismo es con el amor, cuando te resta, lo debes terminar y es como la graduación... ¡Sin temor! A pesar de la madurez, hay una contradicción...
¡Has cerrado tantos ciclos y no puedes despedir lo que te hace sufrir!

Te aferras como si fueras a morir aun sabiendo que la vida es así. Nada es permanente, todo es pasajero incluso tu depresión, aunque te sujetes con intención.

Vives del pasado, ¿por qué si has demostrado tener la capacidad para continuar?
Vives sin la tranquilidad.
Te atas al pasado.
Vives en un trabajo que no te llena demasiado.

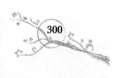

¡Vives preocupado!
Te cuesta la bienvenida porque no quieres otorgar la despedida.

Despídete de la costumbre.
Cierra ciclos. ¡Tienes la capacidad! Desde pequeño lo has experimentado.

La vida es el arte del desapego,
hoy quedarte te está dejando ciego.

¡Vives retrocediendo! Le temes a la soledad cuando antes pasabas horas jugando sin siquiera notar que tu compañía te bastaba para navegar por los rincones de tu ser hasta llegar a la felicidad.

¡Deja de dudar!

Transformaciones

Todo llega y se va.
Nada permanece igual.

Las personas cambian, los sentimientos se transforman, las personas evolucionan o se estancan, las ilusiones se agotan, el amor se termina, las despedidas acuden.

El sol sigue brillando pero las estaciones cambian.
El clima pasa de un humor a otro.
Nada es permanente.
Nada es para siempre.
Ningún día será igual.

Ningún amor será el mismo, quizá sea mejor, quizá caduque la pasión.
El viento cambia su rumbo.
La luna cambia de faces.
Las plantas crecen.
La oruga cicla para poder volar.

Los colores de tu alma utilizan su creatividad para variar.
La oscuridad puede convertirse en luz pero la luz también se puede apagar.

¡No pienses que todo será igual! Cada día puedes tratar de meditar, quizá no lo haces por temor a cambiar. ¡Quien te quiera, querrá tu evolución!
Las transiciones son parte del amor, las personas llegan pero no las puedes amarrar ellas también tienen un proceso que transitar. Ellas también son humanas y se pueden equivocar hasta acertar.
¡Una bienvenida te espera! Lo desconocido también quiere un pedazo de ti.
No llores por no saber decir adiós. ¡Todo es temporal! Aprende a disculparte, comienza a perdonar, atrévete a seguir.
¡El universo te tiene preparado algo especial! Guarda en la maleta del ayer lo que no te permite crecer.

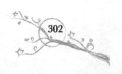

¡Deja tu equipaje en un lugar especial; con él se marchará un pedazo de tu ser! Ahora serás valiente y podrás comprender... ¡Es el comienzo del viaje! De tanto perderte llegarás al sitio donde siempre quisiste estar; lo disfrutarás porque ahora entiendes que nada será igual.

El pasado es la lección para los que no saben vivir y lloran en vez de seguir. Esos siempre tendrán pasado, hasta que un día despierten para sonreír porque han reconocido su AHORA y están preparados para disfrutar el presente y no morir del ayer.

La vida es una búsqueda constante

La vida es tu mundo interior, todos nos conectamos y entrelazamos nuestras vidas pero cada quien tiene una individual. Cada uno tiene un proceso interior, cada uno atraviesa su evolución, a su ritmo y sin presión.

Cuando nos toca partir vemos el transcurso de nuestra vida sin tiempo, no hay un reloj, podemos ver nuestras acciones, podemos ver en lo que nos convertimos, lo que aprendimos, y lo que nos faltó aprender, para volver a bajar y seguir elevando nuestro espíritu.

La vida jamás será lineal, los problemas son cruciales para nuestra evolución. Cada experiencia, cada bienvenida y cada adiós, es parte de la vida y seguirá con nosotros convertido en presente o traducido en pasado.

Los temores que enfrentamos, las cosas de las que huimos, y las personas que herimos, forman parte de nuestra vida. Los miedos, esperan que los puedas superar, de esta forma estarías avanzando.

Las casualidades, son causalidades, teníamos que atravesarlas para mejorar.

La vida es ese momento en el que vuelves a nacer.

¡Tu nacimiento espiritual! Después de tanto caer te das cuenta que no se trataba de un error, lo necesitabas para ser mejor.

Nos quejamos de las injusticias.

Vamos anhelando más pero la vida transcurre al pestañear.

Cada segundo se convierte en tu vida aunque a veces pase desapercibida.

Las fallas internas que reflejamos en los demás a través de las críticas, son las que nos guiarán hasta que nos podamos encontrar. Al extraviarnos conocemos más del alma, la moldeamos con las circunstancias que experimentamos.

El ego es parte de la vida pero es posible alejarlo en la medida que sabemos localizarlo. Cuando comprendes y aceptas su estadía automáticamente idearás un plan para despacharlo. Si despedimos el ego podemos lograr grandes cosas, el ego nos obstruye el camino.

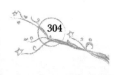

¡Lo material nos distrae en nuestra misión!

La vida y el alma se fusionan, se convierten en un maravilloso misterio que podemos descubrir. El dinero nos mantiene distraídos, si respiramos y nos enfocamos más en la felicidad, de repente, nada nos podría sacar de nuestro estado de plenitud.

La felicidad es un estado mental.
La felicidad depende del control de tu ser.
La vida es comprender quien eres.
La felicidad es ir construyendo lo que deseas ser.

¡Sé tu propio juez! ¡No vivas la vida de alguien para huir de la tuya!
No critiques desde el exterior mientras dejas a un lado tu interior.
¡Cambiar desde adentro lo que nos perturba de afuera!
La vida son instantes, es una revolución de sensaciones que tenemos mientras existimos.
La vida habita en tu alma y se comunica teniendo experiencias terrenales pero está adentro de ti. ¡Utiliza las señales del universo para poderla sentir! ¡Utiliza la energía positiva para poderla nutrir!

¡La vida es una búsqueda constante!
La vida es encontrarnos para saber fallar sin ahogarnos en un mar de lágrimas por no saber dejar atrás. Te enamoraste de un monstruo porque no supiste amarte a ti... El monstruo lo creaste por tu falta de amor, hoy le echas la culpa por no tener capacidad de aceptación.
Te refugias en personas para obviar la soledad.
Vives de lo material y cada error te hace dudar.

Días malos habrán, debes saber valorar, ¡hay quienes no pueden llorar por tener que luchar! Hay quienes no pueden caminar por falta de piernas y sin embargo, viven aprendiendo a volar.

La vida es la búsqueda interior aunque vivamos confundidos con lo exterior. Solo podrás parar de buscar cuando contigo mismo te puedas encontrar. Hay quienes viven de juzgar, otros se escoden detrás de sus errores y los tratan de ignorar.

Hay vidas que respiran apatía, no se conforman con estar, no saben lo que añoran y siempre quieren más. Otros tragan mentiras para hablar de cuentos que jamás ocurrirán, ellos le huyen a su interior.

La vida es no olvidar la oscuridad, de la equivocación nacerá una razón para seguir viviendo y saber pedir perdón.

La vida es un continuo aprendizaje, aprendamos a escuchar, aprendamos a continuar, aprendamos a no obviar que lo importante será difícil de alcanzar pero valdrá la pena no dejar de intentar.

¡Una buena noche para despertar!
Mis mejores energías.

¡Todos podemos vibrar!

¡Hoy que tuve un mal día pude comprender que la vida me ayuda a crecer!

Paciencia

El pasado se ha ido y con él los cambios.

Nada permanece igual, si sigues buscando momentos de un pasado que ya no está, perderás el presente y no volverá.

No esperes que tu futuro sea un instante sin valorar, que lo dejaste escapar por no saber diferenciar en lo que hay que aprovechar antes de empezar a extrañar.

Lo que no fluye jamás fluirá, no lo fuerces más, sólo detienes tu evolución personal.

Todo pasa en el momento adecuado:

Paciencia. No corras, cada cosa llegará, cada sentimiento indeseado se irá, deja de temer a los cambios.

Deja de quererlo todo ya.

Las mejores cosas son las que tardan más.

¡Paciencia! ¡Paciencia!

Los ciclos se cierran cuando les toque lugar.

No puedes escapar de lo que aún no te deja de enseñar.

Cuenta la leyenda

Dos amantes se perdieron a través del tiempo hacia una dimensión donde no existía el amor.
No existían los celos, no existía la infidelidad, no existía la pertenencia.
Los recuerdos de su época y de las relaciones que habían mantenido se borraron.

Su misión era conocerse y crear nuevos recuerdos a través de los momentos.
Y sin saberlo, sin planificarlo, formaron una gran conexión.

Se amaban sin que nadie les enseñara sobre el amor.
Se amaban sin esperar un para siempre, sin exigirse cambiar, sin idealizar.
Se amaban sin dar esperando algo a cambio.
Se amaban sin más.

Un buen día escucharon de la luna que debían regresar, la luna triste les advertía que fueron elegidos para conocer y vivir el amor en libertad, como almas gemelas y espejos de la verdad.

Su misión era no olvidar sus enseñanzas y regresar a su lugar para dar el ejemplo sobre cómo se debe amar. Sin embargo, el riesgo consistía en que contaminaran su relación, y nuevamente se perdiera con ellos el verdadero significado del amor.

Así fue... Tomaron rumbos distintos en la espera de que el destino los pusiera nuevamente en el mismo camino.

No se han vuelto a ver, pero lograron conocer el verdadero significado de querer.
La luna espera paciente, que a través de sueños puedan reconocerse.

Te quedaste en Altamar
Fue tu decisión...
¡No pierdas a los que están a tu alrededor!

Egoísmo

No escuchas pero quieres ser escuchado.
Exiges recibir pero no te preocupas en entregar.

Tus problemas te agobian, quieres la solución, tus amigos siempre están ahí para ser tu bastón... ¿Dónde te escondes cuando necesitan de tu amor?

Vives de juzgar, te haces la víctima por todo lo que has tenido que atravesar... ¡Hay quienes han sufrido más, y no se menosprecian, utilizan su energía para luchar!

Tus fracasos te enseñarán... Nadie te lo mostrará, solo tú puedes darte cuenta y mejorar.

Si esto es para ti, te identificarás, sino... ¡Ni siquiera lo has de notar!
¡No es un regaño! Mucho menos una lección, nadie es lo suficientemente bueno para señalar, solo es un consejo repleto de humildad.

Te quiero y confío en que podrás.
Me gustaría verte volar sin que tengas que robar las alas de alguien más.

Si la tristeza se adueñó de tu interior, no llenes al exterior con la energía que te hundió.

¡Empieza a nadar! No te has hundido porque sigues respirando.
¡Te quedaste en altamar!
Fue tu decisión...
¡No pierdas a los que están a tu alrededor!

Incierto

La cuestión es apostársela, lanzarse al juego.
Olvidar el miedo. ¡Arriesgar!

Incierta es la soledad, como una casa a oscuras donde por miedo no quieres pasar, como una noche de lluvia donde la nostalgia se apodera del lugar. Como una fotografía vieja que te incita a pensar en el tiempo como un puñal. Incierto es el arte, tan incierto como respirar y sin embargo, se encuentra al respirar. Los espejos revelarán aquellas cosas que tratamos de olvidar. El espejo de tu alma mostrará aquel camino que por miedo muchas veces dejaste escapar.
Me acompaña una mirada que me dijo aun más que todas las voces que acostumbro escuchar.

Psicofonía

Te convertiste en inspiración. ¡Jamás te vas! ¡Siempre me pertenecerás!
No hay error mal concebido, me conformo con sentir tus latidos en mis aturdidos sentidos que los reproducen aunque tú, te has ido.

Mis letras te nombran aunque te han perdido, no hay falta de sincronía, la psicofonía sigue en sintonía con tu alma aunque ya... no es mía.

Cada segundo de mi tiempo escondido en versos.
Mis más puros sentimientos volando con el viento.
Mis más sinceros recuerdos bailando al compás de los silencios.

Guardada bajo mi almohada.
Una despedida mancha mis sueños de nostalgia.
Madrugada de decepción,
me levanto recordando tu voz, y la sensación que emanaba sentir tu calor.

Pluma y papel: escribo otra vez pensando en tu piel.
Hoy escribo sobre las almas que no volveré a ver.
Me preocupaba el tiempo, pero me enseñó que no es un ladrón, viene a mostrar la sensación de querer luchar antes de empezar a extrañar.

Una foto y mi ventana...
Si las estrellas te esconden, quisiera volar y preguntar por tu nombre.

Un sueño que llegó, mi habitación me embriagó.
Continúo mi presente, sin tu compañía, pero en mis letras sigues viva día tras día.

El amor está en todo

El amor es la única medicina para curar el odio.
La única salida para tratar la infelicidad.
Podemos tenerlo todo pero si nos falta el amor, lo grande se vuelve pequeño.

El amor, en cambio, hace de lo pequeño algo grandioso.
Ama a los animales, ama la naturaleza, ama a tus amigos, ama a los desconocidos, ama la vida...

Pero sobre todo aprende a encontrar cada día razones para amarte a ti mismo.
Respira amor y trata de convertir tu respiración en virus para contagiar a todos aquellos que andan por ahí perdiendo el tiempo a través de la rabia, las tristezas, y el miedo.

No tengas miedo a amar, hasta en las desilusiones hay enseñanzas.
Vivir un amor efímero es mil veces mejor a vivir sin amor.
Cada segundo que pasó, por corto o largo que sea, forma parte de tu vida, parte de tu historia.

¡Que la historia de tu vida esté repleta de cientos de historias de amor!

Amor propio

Amarte a ti no es sinónimo de individualidad.
Tienes que quererte para querer a los demás.
Cuando aprendas a amarte podrás amar. Hasta entonces, serán carencias para huir de la soledad.

Aprende a valorarte y podrás valorar. Hasta que no te quieras, la envidia abundará.

Todo lo que necesitas está en tu interior. Cuida tu aspecto sin olvidar, que el alma es lo que tienes que cultivar.

Tu esencia es perfecta, tus errores son los aspectos que viniste a trabajar en tu viaje por este lugar.

No esperes de alguien para ser feliz, consigue lo que te gusta, aprende de ti.
Hay una voz en tu interior, ella te guiará. Deja que te enseñe lo bonito de volar, expandiendo tu ser y aprendiendo a observar.

Lo que te duele no lo puedes obviar, esas cenizas luego las soplarás sintiendo la felicidad de poder liberar.

El mundo es tuyo, toma lo que quieras de él y entrégale energía positiva para que lo que tomaste, vuelva a crecer.

Eres lo que quieres ser.
Eres infinitas posibilidades.
Eres luz pero también oscuridad.
Entre las sombras podrás pasear cuando de verdad te ames y no te escondas de ti, por temor a sentir.

Eres vida y estás aquí, que tu presencia sirva para nutrir este mundo en el que con otros has venido a convivir.

Aprende a quererte,
aprende a escucharte.
Siéntate contigo y comienza a explorarte.

Todos tenemos un proceso interior. Por alguna razón puedes disfrutar de otro amanecer, hoy puede ser el día en el que despiertes para poder ceder.

¡En un viaje de ilusiones sembrando flores de colores!

No te dejes menospreciar, todos los sueños que tuviste la noche anterior, los puedes lograr si desde ahora empiezas a trabajar.
¡Que las palabras negativas no te quiten la esperanza!
¡Quiérete y tomate una dosis de confianza! Tienes la capacidad de alcanzar tus añoranzas.

Alianza con el tiempo.
Alianza con tu alma. ¡Momento adecuado para dejar la nostalgia!
¡Ámate y descubrirás en tu compañía la más linda de las utopías!

Distraído de ti

Distraído en las cosas,
distraído en la posesión.
Distraído en los juegos que piensas te harán sentir mejor.

Te distraes de ti mismo, dejas de percibir. En tu estado natural, la energía fluirá. Te escondes a través del ruido de los autos, del ruido de la ciudad. Te escondes porque aún no te quieres encontrar.

Distraído en el amor.
Dejas de amar por temor a entregar.
Si este no es tu caso, quizá, te concentras en amar para escapar de la realidad.

Por la costumbre te has dejado llevar.
Te distraes de ti mismo, te distraes de tu voz...
Hablan tus palabras, tus sentimientos callan y las dejan rodar por un recorrido extenso esperando se puedan agotar y en algún instante, pretendan descansar.

Te distraes esperando ser más... ¿Cómo lo descubrirás?
Sigues huyendo de tu interior. ¡Lánzate al vacío! ¡Consíguete contigo!

El trabajo te puede ayudar a cumplir las normas de la sociedad.
¡No está mal! Pero no te agobies ni tampoco te olvides de existir.

Ser padre es genial...
¡Perfecta satisfacción! No olvides ser la mejor versión para traspasar tus conocimientos al alma que decidiste criar.

Ser hijo es una verdadera oportunidad... ¡Te dieron la vida! Es verdad... Pero no hagas lo que te imponen simplemente por cumplir. ¡Haz lo que amas y podrás sentir lo maravilloso de vivir!
El sol se puede ocultar pero la luna también tiene la facultad de alumbrar. ¿Distraído de ti? Tomate un minuto para ser feliz, solo lo conseguirás si empiezas a sentir el mundo que tienes adentro y por mucho tiempo decidiste omitir.

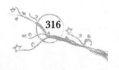

Tu energía es lo que necesitamos.

Tu energía es lo que necesitas.

Tu energía son todas las respuestas a las preguntas lanzadas al viento con la esperanza de una futura respuesta.

Distraído de las musas, distraído del silencio, distraído de las nubes, distraído del polvo repleto de vacío que intenta mantener una conversación contigo.

No te distraigas de ti. ¡Atento!

¡Eres la sonrisa que intentas ocultar en tantas tristezas que no has podido liberar!

Ricos con cada despertar

Si aprendiéramos a valorar en vez de juzgar seríamos ricos con cada despertar.
Si aprendiéramos a amar en vez de preocuparnos por odiar tendríamos la fortuna de saber perdonar.
Si lográramos respetar la naturaleza en vez de maltratarla...descubriríamos la hermosura del ocaso; escucharíamos los susurros de la luna; rozaríamos las palabras del viento; sujetaríamos la infinidad del mar que nos regalaría sus secretos con el amanecer y nos contaría de sus pérdidas al atardecer.

Millonarios de conocimiento gracias a nuestra percepción. No dejarnos hundir en la costumbre de vivir sin tomar en cuenta la búsqueda interna que conlleva existir.

¡Asfixiados trabajo para poder subsistir!

¿No hiciste lo que te gusta y no puedes ser feliz?
¡Siempre hay tiempo! Trabaja por tu riqueza almática.
Olvida tus miedos, acepta la lección...
¡Nunca es tarde para decir adiós!

Adiós a la costumbre.
Adiós al egoísmo.
Adiós al vicio de vivir por lo material dejando a un lado tu pureza espiritual.
¡Hora de despertar! ¡Somos ricos!

¡Es el segundo en el que lo debemos notar! ¡Somos ricos con solo respirar!
El universo te regala la casualidad para que leas esto, y puedas continuar, pero esta reflexión será el motor por el que fabricarás los sueños que tendrás hoy.

Hablándole al silencio

Decepción al heredar costumbre como tragos de soledad.
Desilusión por no encontrar lo que me guiaba a buscar.

Hueco en la ilusión.
Roto el corazón.
Le hablo al silencio esperando su explicación.
¿Qué sucede con aquel amor? ¿Qué sucedió que terminó?

El silencio contestó... Los recuerdos nos guían a través del dolor pero puedes cambiarlo con un recorrido por las sonrisas que aquel pasado te ofreció.

Lo que entró en tu vida tiene una razón, aunque una despedida manche tu interior.

Un aprendizaje el universo te regaló. No llores por haber perdido ese amor, algunas cosas siguen intactas aunque se van.

No te quedes en lo que te hace mal por negarte a aceptar que nada permanecerá.
Es una transición, un ciclo maravilloso para los que saben desprenderse y volar.
El amor que te inspiró no puede ser el causante de tu actual frustración.

Tus ganas de vivir se quiebran por no saber dejar ir.
Tu confusión te agobia por no aprender a quererte a ti.
¿Confundido? La respuesta no la encontrarás aquí.
Yo te presto mis letras para alentarte a seguir.

Aún me falta aprender

Aún me falta aprender, el transcurso es largo en el proceso de crecer.
Decir adiós dolió pero me hizo entender que la vida no se paraliza con una despedida.
Entendí que es necesario seguir, que la naturaleza te dará motivos para ser feliz y el universo te otorgará lo necesario para sanar.

Mi corazón se rompió con la experiencia pero la vida me devolvió las piezas a cambio de paciencia.

Mis sentimientos se endurecieron con la madurez pero resucité la inocencia para conseguir ir más allá de la ciencia.

Hay cosas que no podemos explicar, comencé a observar, en lo invisible las respuestas que necesitaba encontrar.

Aprendí a perdonar, me perdoné a mi misma y empecé a mejorar. Luego, disculpar a los demás no fue un inconveniente ¡Dejé de juzgar!

El camino es largo, mi interior está en plena evolución. No soy perfecta, pero no huyo de la equivocación.
No soy alguien superior, solo un ser humano en expansión que aprendió a agradecer y utiliza su inspiración para drenar las palabras que el alma quiere expresar.

Escribo mientras camino por este paraíso que llamo destino. He tenido que borrar y volver a tratar, desde cero reinventar mi corazón para utilizarlo con precaución.

Intento utilizar al máximo mis sentidos para no lastimar por descuido.
Hoy mis palabras llegan a ti por casualidad, espero te sirvan para encajar el rompecabezas de tu verdad.

La realidad te podrá lastimar pero siempre habrá una posibilidad, siempre podrás soñar, y sobre todo, siempre podrás luchar para convertir tus sueños en realidad y alrededor de ellos poder volar.

Violinista en mi habitación

El tiempo son momentos que vienen y van, por más que queramos retenerlos siempre se irán. La vida puede ser eterna o ser fugaz, depende del compás.

Violinista en mi habitación agita con su música el nudo de mi corazón.
Mi mudo sentimiento puede escuchar, la vida es ese instante en donde no sabes hacia donde te trasladarás.

Diminutas personas en un mundo de imperfectos no saben dónde están y quieren volver siempre hacia atrás para evitar soltar. Se quedan en las emociones aunque ellas se han ido a volar.

Existencia desordenada... ¡Todos corriendo! Unos locos sonriendo.
Existencia busca las coordenadas para evitar llorar en sus almohadas por lo que se ha convertido en NADA.

El ejemplo en una flor, la entregas con ilusión pero no puedes evitar que muera por haberla sacado de su esplendor para regalar amor.

Me leíste, un segundo se fue, ¿hacia dónde se va el tiempo? Yo no lo sé.
Mi pasado llegó para quitarme lo que ya sucedió.

Millones de recuerdos en una civilización que ve de lo utópico una irrealidad aun cuando en las noches prueban el néctar de la sensibilidad con cada sueño y en cada despertar.

Existencia pasajera se pone de prueba mantener firme la insistencia de estar en un tiempo que no se repetirá por más que reincidan al forzar.

Y tú qué me lees ¿por qué camino partirás? ¿Valoras tu presente o lo prefieres extrañar cuando sea pasado y te empiece a gustar?

El camino es tu elección...
Puedes ser el prisionero de tu pasión o salir de la cárcel que encierra tu emoción.

Para: La persona indicada
De: Aquel que llaman destino

Encontrar el amor como solución será una equivocación. El amor no es necesidad, el amor no nace para enmendar algo que estaba mal.

Sobrevaloran los sentimientos.
Sobrevaloran las diversas formas de querer.

Si no te quieren a tu manera, no es amor. Si no te entregan de la misma manera en la que das, tal vez, crees que no te saben amar. –Así piensan las mentes que necesitan estar con alguien para poder respirar...

¿Un encuentro casual que cambie una vida? ¡Puede ser una amistad! No hay que confundir el amor con la necesidad. Nuestras piezas rotas se pegan cuando empezamos a amarnos sin tener que amar a alguien más para sentirnos "queridos".

Yo también estuve con alguien por temor a la soledad... pero evolucioné, me empecé a querer y mi libertad fue lo más precioso que pude sembrar. Después de tenerla y empezar a volar, me confundieron con la maldad, supuestamente ya no sabía amar.

Yo estaba expandiendo mi sensibilidad, comprendiendo que amar es soltar. Cuando exiges pones nombre a los momentos y límites al tiempo. Quizás tu escasez interna te está confundiendo y te viste de amor para llenar los vacíos de tu corazón.

Quizá el amor llegará cuando te sepan amar sin implicar juzgar y cuando seas capaz de amar aprendiendo a esperar.

La paciencia y el silencio seducen... ¡No lo dudes! No pongas parámetros, el amor es universal, no puede ser como lo piensas... Quizás hay más pero aún tus ojos y tu corazón no lo pueden aceptar.
¡Quizá no era amor! Pero quizá era la más bonita historia y pasó, al irse, la confundiste con decepción por no saber aceptar que hay distintas formas de sentir y que el amor no tiene condición, ni tampoco premeditación. Sin elección, te atrapa para ayudarte, para comprender, no para insistir cuando no debe seguir.

Inmortal

Inundó tu alma de amor pero el amanecer se lo llevó. ¿Por cuantas lunas te amó? La leyenda cuenta que se convirtió en canción. Se fue volando a otra constelación pero vive en los recuerdos y en tu inspiración.

El con cabellos oscuros y piel trigueña te sedujo, te enamoró. No fue su intención se tenía que marchar, fue el trato que tuvo que pagar para poderte visitar.

Lo mandaron los astros para que conociera la ilusión. No era de este mundo, le cumplieron el deseo de pureza que tantas décadas anheló. Bajó a la tierra para encontrarte pero no le era permitido poder quedarse.

No tenía la certeza de vislumbrar a la persona indicada. Tu mirada apartó sus dudas. Al perderse en tus ojos contempló la eternidad aun sabiendo que se tendría que retirar.

El inmortal bajó a la tierra para poderse enamorar. El pidió contemplar la bondad que decían tenía la humanidad. Veía a la gente tan apresurada, tenía un espejo que le permitía observar desde una distancia inimaginable.

De dónde él viene, no lo sabrás pero al quedarte en sus ojos pudiste asegurar que no era otro más. En su mundo no existe el tiempo... Tu energía y su energía se fusionaron, no hizo falta hablar con un beso te dijo todo lo que había esperado poderte contar.

Le mostraste el mundo, te mostró el amor. Te enseñó a volar, le enseñaste tocar. Juntos compartieron la felicidad pero era imprescindible que se despidiera pues lo llamaban ya las estrellas. Te quiso llevar a su castillo en la luna, te quiso invitar a dar un paseo por el universo que lidera pero no era permitido.

El dividió su ser para que en cada sueño lo pudieras ver. Se convirtió en lluvia para rozar tu piel y se esconde en el amanecer para verte cada día crecer.
Llora en su constelación y viaja a su casa en la luna para ser feliz sabiendo que cada noche lo mirarás aunque sin la esperanza de poderlo detallar. Contra todo pronóstico jamás te olvidó. El sol perdió sus apuestas, el mar ganó. Siempre confió en el amor por encima de la decepción.
Te ama sin poseerte y tú has aprendido a quererle aunque no esté físicamente presente.

Rompe el molde

Tenemos que salir de los parámetros, romper el molde que nos encierra, que nos impide ver adentro de nosotros para poder abrir el corazón al exterior.

Salir de la línea que nos limita, abrir el círculo para abrir las posibilidades. Expandir nuestro amor, hacer una revolución de reflexiones para huir de la cárcel en la que tenemos nuestra alma.

Fusión de pensamientos y emoción. Sensibilidad compuesta de comprensión. ¿Por qué decidiste ser quién eres? ¿Imposición o elección?

La vida es magia, la majestuosidad de existir no podemos dejarla de percibir. ¿En qué crees? ¿Qué motiva tu existencia? La religión que escogiste es una gran decisión, no te dejes llevar por las normas que controlan para encadenar, tienes la oportunidad de ir más allá.

No camines sin agradecer, con la razón de único guía no es fácil ver. Cierra tus ojos, escucha tus latidos, los ritmos dictarán el destino. ¡Escucha el silencio! La armonía de lo eterno y lo fascinante de lo etéreo.
Marcar de irreal lo utópico es una falsedad, los sueños son tan importantes como lo palpable. ¡Adiós a las fronteras! Estamos en un viaje para sanar, curarnos poco a poco y despertar.

Arriesgarse es fundamental cuando el resultado será observar.

La búsqueda

El viaje no termina, está empezando; no eres un pasajero, eres el conductor. Escoge cómo te trasladarás; tienes la fuerza suficiente para poder volar, no les creas si te dicen que no eres capaz. La confianza es indispensable y la derrota no cesará pero solo está totalmente derrotado quien deja de intentar.

Miles de millones de sentimientos te embriagarán, conocerás la tristeza y la felicidad. Aprenderás a despedirte pero también sabrás recibir, aprenderás a dar sin nada a cambio exigir.

Es un viaje sin fronteras y eres tú quien pone las reglas. En este viaje te puedo aconsejar desprenderte de lo material, utilizarlo para subsistir pero que no sea quien guíe tu existir. A pesar de ser un viaje personal tu relación con las demás almas es fundamental, trata de no transitar dañando a los otros por no canalizar que todos tenemos un proceso interno con que lidiar.

Eres un maestro, soy una maestra, todos somos maestros y venimos a enseñar mientras aprendemos cada día más. No te creas superior, si encontraste tu talento y tienes la dirección no dañes a los que están en plena búsqueda interior.

La vida está en tus manos, la vida se esconde entre tus dedos. Haz de ella la mejor creación para que juntos podamos construir un mundo mejor.

De las tristezas encuentra lo positivo, el viento estará en tus aciertos y en tus descontentos. De tus derrotas consigue las ganas para no desfallecer partiendo de la premisa: Fallar es aprender. Del desamor aprende a amarte a ti mismo y cuida tu corazón para que no muera por depender de otro para latir.

Riega la flor de tu interior con gotas de esperanza, paciencia, nobleza y fortaleza. Es grande el que sabe perder pero más grande es quien no necesita opacar a otros para poder ascender. Proponte metas y ten de brújula a tu voz interna, ella sabrá lo que necesitas encontrar.

La búsqueda real es aquella que no tiene por resultado ganar sino atravesar los obstáculos para poder llegar, disfrutando en cada instante el placer de habitar, en ese cuerpo humano que tienes para renovar. Utiliza tus sentidos te llevarán hacia la paz, no hay nada más hermoso que escuchar los silencios, saborear la dulzura, rozar el viento y observar la majestuosidad de nuestro universo.

Secreto del mar

Mis olas vienen y van,
con los ciclos de la vida
pasa igual.
No temas decir adiós,
con cada amanecer una
oportunidad para crecer.
No te apagues, déjalo ser
¡Todo es transitorio!
Comienza a entender.

La Vida entre mis Dedos.

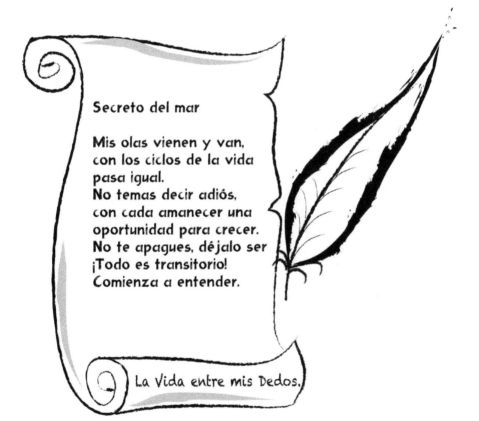

¿Quién soy?

Me gustaría comenzar por aclarar:

¡Tu síntesis curricular jamás será la carta de presentación de lo que es tu verdadero yo!

Locutora del programa "Arte en la ciudad" transmitido en Caracas/Venezuela todos los días de 11:00 a 12:00 pm por la 95.5 Play FM Network, en el cual trato de demostrar que hay arte en cada minúscula parte de nuestro planeta, comprendiendo que gran parte del arte se traduce en magia.

Periodista egresada de la Universidad Santa María, y actriz profesional egresada de la Escuela Superior de Artes Escénicas "Juana Sujo".

Fundadora del Movimiento Acción Poética Caracas, creado oficialmente en México Nuevo León por el poeta Armando Alanís.

Escritora por vocación desde los 7 años, amante de mis musas y aprendiz de la vida. Hablo con las estrellas, escucho en los silencios, tengo dos gatos que me enseñan sobre el amor en libertad y un perro que me enseña el amor incondicional. Le temía a la soledad pero aprendí a convertirla en mi aliada. Le pregunto cada noche a la luna la razón de su ruptura con el sol y creo fielmente en la infinitud del universo.

Una noche de septiembre a los 21 años de edad, me tocó despedir a la musa constante de cada parte de mi vida, desde ese instante entendí la importancia de lo invisible. Se trataba de mi madre pero exactamente 8 horas después mi padre decide acompañarla en su viaje hacia la eternidad.

Dicen que nacemos dos veces, yo renací tiempo después del acontecimiento cuando comprendí lo incomprensible retando la imposibilidad.

Me inspiro en los instantes, soy una pasajera de mi realidad con un objetivo crucial, ayudar a otros humanos a despertar de tantas normas absurdas que implanta la sociedad para controlar.

Escribo lo que todos sabemos pero no todos tratamos de canalizar.

Escribo porque siento y siento porque comprendo lo maravilloso de vivir.

Voy viajando mientras pienso que es posible despertar la humanidad pero que solo pasará si todos nos convertimos en aprendices y en mensajeros.

Hoy, yo soy tu mensajera pero seguramente, mañana te tocará enseñarme a mí lo que has aprendido.

Maestros del aire con inconsciencia hoy los invito a explorar en su ser.

Lo invisible quiere comunicarse, pero solemos olvidar que tenemos más sentidos que el de la vista.

¿Aún quieres saber quién soy? Es imposible, estoy en constante transformación, pero mi objetivo sigue intacto: ¡Crear un mundo mejor a través de la fusión entre palabra y acción liderada por el amor!

Índice